Holger Nohr

# Grundlagen der automatischen Indexierung

Ein Lehrbuch

3. Auflage

Logos Verlag

Berlin

Bibliografische Information Der Deutschen Bibliothek

Die Deutsche Bibliothek verzeichnet diese Publikation in der Deutschen
Nationalbibliografie; detaillierte bibliografische Daten sind im Internet über
http://dnb.ddb.de abrufbar.

3. überarbeitete Auflage

ISBN 3-8325-0121-5

Logos Verlag Berlin
Comeniushof, Gubener Str. 47,
10243 Berlin
Tel.: +49 030 42 85 10 90
Fax: +49 030 42 85 10 92
INTERNET: http://www.logos-verlag.de

„Wie man Informationen sammelt,
verwaltet und verwendet, wird
darüber entscheiden, ob man zu den
Gewinnern oder Verlierern gehört."

*Bill Gates*

# Inhaltsverzeichnis

# Vorwort zur 3. Auflage

Die erste Auflage der *Grundlagen der automatischen Indexierung* ist bereits nach kurzer Zeit vergriffen und hat sich in dieser Zeit als Standardlehrbuch etabliert. Nachdem die zweite Auflage noch als unveränderter Nachdurck erschien, wurde die vorliegende dritte Auflage einer grundlegenden Überarbeitung und Ergänzung unterzogen.

Überarbeitet wurden alle Kapitel. Ergänzungen wurden insbesondere durch die Integration weiterer Fallbeispiele in grauen Kästen in den Text vorgenommen sowie durch die Erweiterung des fünften Kapitels um eine einführende Behandlung des Themas Text Mining. Zuletzt wurde die Benutzbarkeit erhöht, indem weitere grundlegende Definitionen eingebaut und symbolisch kenntlich gemacht wurden.

Der Wert des Lehrbuches für den Leser konnte mit diesen Ergänzungen in der neuen Auflage hoffentlich weiter gesteigert werden.

Hamburg / Stuttgart, im Januar 2005 Holger Nohr

# Vorwort zur 1. Auflage

Das vorliegende Lehrbuch der automatischen Indexierung trägt dem Umstand Rechnung, dass ein ständig wachsender „Berg" von Dokumenten in Unternehmen, in den öffentlichen Verwaltungen, in Einrichtungen der Fachinformation oder dem Internet entscheidungsrelevante Informationen enthält, die mit manuellen Mitteln und Methoden der Verarbeitung kaum mehr beherrschbar und erschließbar sind. Diese unstrukturierten Informationen sind in einer zunehmend von der schnellen Verarbeitung der Ressource Information abhängigen Wirtschaft von größter Bedeutung, ihre Beherrschung ist unabdingbar für den Wettbewerbserfolg. Verfahren der automatischen Indexierung von Dokumenten sind damit eine Basistechnik der betrieblichen Informationswirtschaft geworden. Trotz dieser Bedeutung für die Ausbildung an Hoch- und Fachhochschulen liegt bis auf den heutigen Tag kein einführendes Lehrbuch in diesen Bereich des Informationsmanagements vor. In einer früheren und inzwischen vergriffenen Version dieses Buches (NOHR 2001c) waren wesentliche Charakterzüge eines Lehrbuches ebenfalls noch nicht verwirklicht.

Die Zielsetzung dieses Buches ist es, einführend die Grundlagen sowie die verschiedenen Ansätze und Verfahren einer automatischen Indexierung von Dokumenten vorzustellen. Die Darstellung verzichtet dabei bewusst auf die allzu detaillierte Tiefendarstellung der einzelnen Verfahren und der ausführlichen Diskussion einzelner Indexierungssysteme zugunsten einer Übersicht der grundsätzlichen Ansätze mit ihren jeweiligen Voraussetzungen, ihren Möglichkeiten und ihren Problemen. Soweit einzelne Verfahren und Indexierungssysteme behandelt werden, besitzen diese beispielhaften Charakter für den dargestellten Ansatz der Indexierung. Bei der Darstellung war ich stets um eine verständliche Sprache bemüht.

Der Text dieses Buches ist entstanden aus den Erfahrungen in Vorlesungen und entsprechenden Seminaren im Studiengang Informationswirtschaft an der Hochschule der Medien (HdM) in Stuttgart. Eingegangen sind auch Ergebnisse aus Praxisprojekten. Die Darstellung richtet sich an Studierende und Lehrende der Informationswirtschaft, des Informationsmanagements, der Dokumentation sowie der Wirtschaftsinformatik. Zugleich wird auch der mit dieser Thematik konfrontierte Praktiker angesprochen, sofern dieser weniger an der rein technischen Seite der automatischen Indexierung, als vielmehr an grundsätzlichen Informationen über die Möglichkeiten und die Schwierigkeiten des Einsatzes entsprechender Verfahren interessiert ist.

Ein Buch ist immer das Werk vieler Menschen, die mit ihren Anregungen und ihrer kritischen Begleitung zum Entstehen beitragen. So auch das vorliegende Lehrbuch. Sollten sich jedoch Fehler in die Darstellung eingeschlichen haben, so ist dafür allein der Autor verantwortlich. Ausdrücklich bedanke ich mich bei meinen Kolleginnen und Kollegen im Studiengang Informationswirtschaft an der Hochschule der Medien und vor allem bei den Studentinnen und Studenten, die mir in zahlreichen Diskussionen in Lehrveranstaltungen immer wieder zu neuen Perspektiven verholfen und so ganz wesentlichen Einfluss auf die Darstellungen in diesem Lehrbuch genommen haben. Dem Logos Verlag danke ich für die kompetente und freundliche Betreuung.

Anregungen und Kritik sind mir stets willkommen. Sie werden bei einer nächsten Auflage in die Darstellung einfließen. Interessierte Leser sind aufgefordert, sich jederzeit an den Autor zu wenden.

Hamburg / Stuttgart, im Dezember 2002                    Holger Nohr

# Aufbau des Lehrbuches

Im **ersten Kapitel** werden einleitend und überblicksartig die Hintergründe, die Ausgangslage und die Einordnung der in diesem Lehrbuch beschriebenen Ansätze und Verfahren der automatischen Verarbeitung von Texten geliefert.

Das **zweite Kapitel** enthält einige grundlegende Überlegungen zum Thema der automatischen Indexierung sowie eine Systematisierung der Indexierungsverfahren. Diese Systematisierung dient im folgenden **dritten Kapitel** der Gliederung der ausführlichen Darstellung einzelner Verfahrensansätze (statistisch, informationslinguistisch, musteridentifizierend und begriffsorientiert) der automatischen Indexierung.

Dem mit der Indexierung verwandten, über sie jedoch hinaus reichenden Ansatz der Keyphrase Extraction wird im **vierten Kapitel** gesonderte Aufmerksamkeit geschenkt.

Text Mining und Information Extraction verfolgen andere und weitergehende Ziele als die Indexierung, gewinnen jedoch im Rahmen der Textanalyse zunehmend an Bedeutung. Sie werden im **fünften Kapitel** einführend behandelt.

Mit dem Zusammenhang von Retrievalverfahren und Indexierung beschäftigt sich das **sechste Kapitel**. Anknüpfend an diese Darstellung kann im **siebenten Kapitel** auf die Evaluation automatischer Indexierung eingegangen werden.

Einen Überblick über den Aufbau des Lehrbuches zeigt folgende Abbildung.

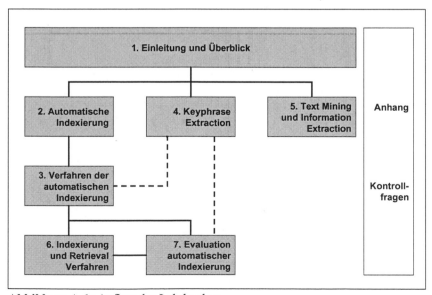

**Abbildung A-1:** Aufbau des Lehrbuches

Die einzelnen Kapitel werden jeweils durch die Formulierung von Lernzielen eingeleitet. Auf die Lernziele wird durch folgendes Symbol am Seitenrand aufmerksam gemacht:

**Z**

Auf Definitionen im Rahmen der einzelnen Kapitel wird ebenfalls durch ein Symbol am Seitenrand aufmerksam gemacht:

**D**

Im Anhang am Ende des Buches werden zu jedem Kapitel Kontrollfragen aufgeführt, die aus den Lernzielen abgeleitet sind. Dem Leser wird so die Möglichkeit gegeben, sein eigenes Verständnis der beschriebenen Thematiken zu überprüfen.

Zum Abschluss des Buches wird durch ein Sachregister auf Beschreibungen verschiedener Themen im Buch verwiesen. Definitionen einzelner Begriffe werden auch hier gekennzeichnet.

# 1. Einleitung und Überblick

**Lernziele**

Nach der Bearbeitung dieses Kapitels sollten Sie
- die Bedeutung der automatischen Indexierung im Rahmen der Verarbeitung von Dokumenten verstehen,
- die Einordnung der Indexierung in Dokumenten-Managementsysteme beschreiben können,
- eine Einordnung der Indexierung in den Vorgang des Information Retrieval vornehmen können und
- die Diskussion um intellektuelle und automatische Verfahren der Indexierung verstehen.

Z

## 1.1 Ausgangslage

Informationen sind die Grundlage von Geschäftsprozessen, von Innovationen und von Planungs- und Entscheidungsprozessen von Wirtschaftssubjekten. Zu Recht wird Information heute als ein wettbewerbsentscheidender Produktionsfaktor angesehen. Ein bedeutender Anteil der entscheidungsrelevanten Informationen liegt heute in Organisationen – in den privatwirtschaftlichen Unternehmen, in Verbänden und auch in der öffentlichen Verwaltung – aufgezeichnet in weitgehend unstrukturierten Dokumenten[1] vor, hauptsächlich in der Form von Texten. Seriöse Schätzungen gehen von einem Anteil von bis zu 80 Prozent unstrukturierter Information in Unternehmen aus (Mittel gegen die Informationsflut 1999; GERICK 2000). Eine Analyse öffentlich zugänglicher Datenbanken aus dem Jahre 1995 ergab, dass diese zu rund 72 Prozent textuelle, zu 19 Prozent numerische und zu 9 Prozent sonstige Informationen enthalten (HERGET/HENSLER 1995). Mit der weiteren Verbreitung des Internet dürfte sich dieses Verhältnis weiter zu den textuellen Informationsangeboten verschoben haben. Insbesondere strategische Entscheidungen basieren überwiegend auf unternehmensexternen Informationen, diese sind in ihrer Originalform meist qualitativer Natur und schlecht strukturiert (MEIER/FÜLLEHORN 1999). Das Management dieser Form

---

[1] Diese Dokumente können neben Text auch andere Darstellungsformen, bspw. Graphiken, Bilder usf. enthalten. Für eine automatische Indexierung ist wenigstens z. Zt. noch das Vorhandensein von Text notwendig. Akustische Darstellungsformen (Ton) können ggf. in eine Textform überführt werden.

11

der Information stellt alle Organisationen allein durch die enorme Menge verschiedenster anfallender Dokumente vor zunehmend größer werdende Probleme[2]. In der Vergangenheit wurden bereits effektive Verfahren für das Management strukturierter Informationen entwickelt, die es nun auch zu erreichen gilt für unstrukturierte Informationen. Neben etablierten Verfahren des Data Mining für die Datenanalyse treten heute Versuche, diesen Ansatz unter der Bezeichnung *Text Mining* auf die Textanalyse und die Wissensentdeckung (Knowledge Discovery) in großen Dokumentkollektionen zu übertragen:

> Während Data Mining Muster und Strukturen in strukturierten Datenbeständen sucht, versucht Text Mining Muster und Strukturen in unstrukturierten Datenbeständen zu entdecken. (GROTHE/GENTSCH 2000, S. 177)

Ziel muss es sein, Analyseaufgaben strukturierter und unstrukturierter Informationen zu integrieren. Die Aufgabe, Texte in dieser Weise zu analysieren, ist allerdings ungleich schwieriger zu lösen. Wenn Information und Wissen – und daran besteht heute kaum mehr ein berechtigter Zweifel – die entscheidenden Wettbewerbsfaktoren für Unternehmen auf allen Märkten und in allen Branchen sind, bedarf es allerdings eines effektiven und effizienten Managements gerade auch dieser Form der Informationen im Rahmen einer betrieblichen Informationswirtschaft (vgl. MICHELSON 2001). Daher benennt MICHELSON als eine der Hauptaufgaben der betrieblichen Informationswirtschaft die „Erarbeitung von unternehmensweit gültigen Regelwerken, Ordnungssystemen und Indexier-

---

**Fallbeispiel: SAP SEM (1)**

Dem Bedarf, textuelle Informationen (vor allem aus dem Internet) in Führungsinformationssysteme zu integrieren, versucht die SAP AG durch das SAP Strategic Enterprise Management (SAP SEM) zu begegnen. SAP SEM unterstützt anspruchsvolle wertorientierte Managementaufgaben, wie strategische Planung oder Risikomanagement.

Ein Bestandteil von SAP SEM ist die Komponente Business Information Collection (BIC), die hilft quantitative und qualitative Informationen aus externen Quellen, insbesondere dem Internet, zu integrieren. Aufgabe eines integrierten Redaktions-Leitstandes ist u.a. die redaktionelle Aufbereitung textueller Information. Aus methodischer Sicht handelt es sich um ein Benutzermodellierungsproblem in Verbindung mit Information Retrieval und Information Filtering. Die Herausforderung besteht darin, Verfahren der Indexierung, Relevanzbewertung und Informationsextraktion zu kombinieren.

> Fortsetzung im Kap. 3, S. 69
> Fortsetzung im Kap. 5, S. 128

(Quelle: MEIER/FÜLLEHORN 1999; GROTHE/ GENTSCH 2000)

---

2   Eine gute Übersicht über das gesamte Management unstrukturierter Informationen im betrieblichen Umfeld bieten KÖNIGER/REITHMAYER (1998).

werkzeugen" (S. 30). Tatsächlich werden nur solche Instrumente in automatischer Verfahrensweise in der Lage sein, unstrukturierte Informationen in einer den Anforderungen gerecht werdende Weise zu analysieren und aufzubereiten.

Wenn auch die Vorstellung von der papierlosen Organisation auf absehbare Zeit eine Utopie bleiben wird, so nimmt die Menge der elektronisch verfügbaren (Text-)Dokumente seit geraumer Zeit doch ganz erheblich zu, ausgelöst durch die Tatsache, dass die Produktion von Dokumenten heute hauptsächlich in elektronischer Weise erfolgt und auch ihre Verbreitung bzw. Zustellung über elektronische Wege vorgenommen wird. Beispiele elektronischer Dokumente im betrieblichen Umfeld, die diese Relevanz verdeutlichen, sind:

- Elektronische Mails von Kunden, Lieferanten usf. erhalten Unternehmen spätestens mit ihrem Auftritt im Internet in großer und rasch zunehmender Anzahl. Es stellt sich die Frage, wie diese E-Mails automatisch an den richtigen Empfänger im Unternehmen weitergeleitet werden können bzw. wie bei Standardanfragen ggf. eine automatische Beantwortung eingerichtet werden kann.

- Memos und andere Mitteilungen werden innerbetrieblich auf elektronischem Wege erstellt und ausgetauscht.

- Wirtschafts- und Finanznachrichten gelangen über Online-Ticker in das Unternehmen (so beispielsweise über die Angebote von Reuters, Bloomberg und anderen Wirtschafts- und Finanzinformationsdienstleistern).

- Fax-Dokumente werden direkt auf den PC weitergeleitet.

- Diverse Dokumente können aus dem Internet abgerufen und herunter geladen werden. In großem Umfang etwa technische Forschungsberichte (Preprints) oder Patente aber auch Produktbeschreibungen und Marktanalysen.

- Elektronische Zeitschriften und Newsletter stehen mit Volltextarchiven im Internet zur Verfügung.

- Dokumentenlieferdienste aus dem bibliothekarischen Umfeld bieten Lieferungen in elektronischer Form und auf elektronischem Wege (E-Mail, ftp-Server) an.

- Marktstudien, Produktspezifikationen, Technische Dokumentationen oder Projektberichte werden innerbetrieblich bereits elektronisch erstellt bzw. in dieser Form von Anbietern bezogen.

- Wissensmanagement-Systeme (wie beispielsweise „Corporate Memories", „Organizational Memories", „Knowledge Repositories", „Wissensportale", „Knowledge Communities" oder „Gruppengedächtnisse") enthalten u.a. schriftliche Informationsobjekte, die eindeutig identifiziert und damit wiederauffindbar gemacht und zu diesem Zweck indexiert werden müssen (ABECKER et al. 2002; KLOSTERBERG 1999; NOHR 2001b; NOHR 1999b; LEHNER 2000; RENZ 2001).

Diese und andere Dokumente enthalten eine Vielzahl wichtiger Informationen für alle Bereiche und Entscheidungen innerhalb eines Unternehmens.[3] Die Masse der heute anfallenden Dokumente[4] macht eine manuelle Auswertung und Erschließung meist jedoch unmöglich oder zumindest doch unzureichend, zeitaufwändig und teuer. Es muss zudem Sorge dafür getragen werden, benötigte Informationen im Bedarfsfall jederzeit, rasch und zielsicher auffinden zu können. Um gezielt nach Dokumenten mit bestimmten Inhalten im elektronischen Repository suchen zu können, muss eine effektive Inhaltserkennung und –kennzeichnung erfolgen. Das bedeutet eine (automatische) Zuordnung der Dokumente zu bestimmten Themengebieten bzw. die Abspeicherung geeigneter Indexterme als Metainformationen, um eine schnelle und sichere Auswahl zu ermöglichen. Zu diesem Zweck müssen die Dokumenten*inhalte* in einem Informationssystem repräsentiert, d.h. indexiert oder klassifiziert, werden.

> **Hinweis: DM-Kosten**
>
> Obwohl Führungskräfte um die Bedeutung von Dokumenten für den Geschäftserfolg wissen, können laut einer IDC-Studie (2003) viele Unternehmen die Kosten nicht beziffern, die das Dokumentenmanagement (DM) verursacht. Die Schätzungen von IDC gehen von 5 bis 15 Prozent des Umsatzes eines Unternehmens aus.
>
> (Quelle: „Dokumentenkosten bleiben im Dunkeln". In: Computer Zeitung Nr. 47 v. 17. November 2003, S. 13)

Eine Lösung dieser inhaltsbezogenen Analyse- und Erkennungsaufgabe kann zudem helfen, den Informations- und Dokumentenfluss innerhalb des Unternehmens zu automatisieren und zu steuern (MARTIN 1998). Ziel ist die Einleitung eines „Workflow nach Posteingang" (HENKEL 1999). Dieser organisationalen Aufgabe entsprechend, kann eine zunehmende Integration von Dokumenten-Managementsystemen mit Workflow- und Groupware-Systemen beobachtet werden (KAMPFFMEYER/MERKEL 1999).

---

3   Auf die Bedeutung des Faktors Information bzw. Wissen für Unternehmen und ganze Volkswirtschaften muss an dieser Stelle nicht näher eingegangen werden, vgl. dazu die aktuelle Literatur unter dem Schlagwort Wissensmanagement.

4   Große Unternehmen, Verwaltungen und Verbände erhalten heute zum Teil mehr als 60.000 Emails in der Woche über den entsprechenden Kontakt auf ihrer Web-Site. Dabei zeigen selbst führende Technologie- und Internet-Unternehmen ein oft erschreckendes Antwortverhalten.

Eine dieser Aufgabe entsprechende Dokumentenanalyse kann beispielsweise anhand erkannter Themenbezüge die eingehende Post automatisch an den richtigen Sachbearbeiter oder die zuständige Organisationseinheit, also etwa den Sachbearbeiter oder die zuständige Fachabteilung (beispielsweise Rechnungen in die Buchhaltung, Aufträge in den Vertrieb usw.), im Unternehmen weiterleiten. Eine solche Aufgabe versucht beispielsweise das Softwaremodul GENIUS des deutschern Dokumenten-Managementsystem-Herstellers EASY über die Erkennung typischer Textsorten (Rechnung, Auftrag usf.) zu meistern. Automatische Analysen von Dokumenteninhalten werden zudem benötigt, wenn Mitarbeiter über einen persönlichen Informationsfilter der auf automatischem Wege über die Analyse und Auswertung des Informationsverhaltens ein „Informationsprofil" erzeugt, relevante neue Dokumente aus Dokumenten- oder Wissensmanagement-Systemen automatisch zugestellt bekommen sollen (FOLTZ /DUMAIS 1992). Eine automatische und themenorientierte Variante des Push-Prinzips.

Neben der originär elektronischen Form, können heute pa-

> **Fallbeispiel: Workflow**
>
> Unternehmen der Versicherungswirtschaft sind führend in der Umsetzung des Prinzips „Workflow nach Posteingang":
>
> Die *Signal-Iduna-Gruppe* spart durch die technische Unterstützung der Arbeitsabläufe Kosten. Sämtliche Posteingänge werden gescannt, mit einer Texterkennung behandelt, ggf. nachbearbeitet und dann auf die Fachbereiche verteilt. Zu den technischen Maßnahmen gehören die elektronische Archivierung, der Einsatz von Klassifikations- und Analysesoftware und ein komplexes Routing zu den Sachbearbeitern.
>
> Bei der *Provinzial Versicherung* verfährt man auf ähnliche Weise: Über 90 Prozent der 6000 Aufträge eines Bereiches, deren Bearbeitung früher ein manuelles Anfassen erforderte, werden heute automatisch weitergeleitet. Die Volltextanalyse der gescannten Dokumente erkennt Schlüsselbegriffe wie „kündigen", „aufheben" oder „Neuschaden" und ermöglicht so eine automatische Kategorisierung. Die Unsicherheitsquote liegt derzeit bei rund 20 Prozent.
>
> (Quelle: „Simpler Workflow reduziert die Kosten". In: Computer Zeitung Nr. 46 v. 10. November 2003, S. 16)

pierbasierte Dokumente durch Scanning-Verfahren schnell, kostengünstig und relativ zuverlässig in eine elektronische Form überführt werden. Dabei werden die Dokumente zumeist als Image in einem Graphikformat in einem Dokumenten-Managementsystem (DMS) archiviert (häufig auf Optical Disks) aber wenigstens temporär per OCR-Verfahren einer Indizierung zugeführt (THIEL 1994; RIGGERT 1998). Dieser Vorgang ist als Teil einer DMS-Architektur in der Abbildung 1-1 auf Seite 18 dargestellt.

Mit diesen Entwicklungen ist heute eine nahezu komplette und durchgängige Dokumentenverwaltung in elektronischer Form möglich geworden (wenn auch in der Praxis noch lange nicht überall und umfassend umgesetzt!). Durch diese

Situation werden in den Unternehmen und Verwaltungen Verfahren des Information Retrieval (SALTON/MCGILL 1987, FORST 1999, FERBER 2003) relevant, die bislang auf die klassische Literaturdokumentation mit ihren bibliographischen Fachdatenbanken bzw. den Volltextarchiven in der Pressedokumentation (RAPKE 2001; PALOS 1999, 1998) oder neuerdings auf die Informationsgewinnung aus dem Internet (dem Retrieval mittels einer der vielen bekannten Suchmaschinen wie beispielsweise Google, AltaVista oder Northern Light) beschränkt waren. Durch die fortschreitende Einbindung von Dokumenten-Managementsystemen, „Wissensdatenbanken" und anderen (meist intranet-basierten) Informationssystemen in die Informationswirtschaft bzw. das Wissensmanagement der Unternehmen ist ein neues bedeutendes Anwendungsfeld für die Verfahren des Information Retrieval entstanden und Information Retrieval zu einer der wichtigsten Basistechniken für die betriebliche Informationswirtschaft geworden. Durch diese Entwicklung ausgelöst, hat auch die Forschung auf dem Feld des Information Retrieval in den letzten Jahren einen neuen Schub erhalten und neue interessante Resultate erzielt, die in den kommenden Jahren in die praktische Umsetzung gelangen werden. Leider sind die Möglichkeiten der automatischen Indexierung im Umfeld des Wissensmanagements heute noch häufig nicht hinreichend erkannt (so z.B. NEDEß/JACOB 2000).

Die oben angedeuteten Anforderungen an die Bearbeitung elektronischer Dokumente lassen zunehmend auch automatische Verfahren der inhaltlichen Analyse und Erschließung von Dokumenten in den Blickpunkt einer breiteren Anwenderschaft in Unternehmen, Verbänden und öffentlichen Verwaltungen rücken, da hier der Einsatz von (qualifizierten) Personal als „Flaschenhals" wirken muss.

> In diesen Gebieten des Dokumenten-Managements sind in den nächsten Jahren die wichtigsten, den Markt treibende Innovationen zu erwarten. Hier bahnt sich eine vollständige Inversion der Rolle des Menschen beim Einsatz solcher Systeme an. (KAMPFFMEYER 1999, S. 12)

In einer Untersuchung des Fraunhofer Instituts Arbeitswirtschaft und Organisation (IAO) aus dem Jahre 2001 gaben bereits rund 20 Prozent der befragten Unternehmen an, Werkzeuge zur automatischen Indexierung bzw. Klassifizierung in der Dokumentenverwaltung zu nutzen (ALTENHOFEN et al. 2002a, 2002b). Cirka 15 Prozent der Unternehmen setzen Werkzeuge zur automatischen Extraktion von Informationen (beispielsweise Rechnungsnummer, Rechnungsbeträge, Kundennummer usf.) aus Dokumenten ein. Die Zufriedenheit der Anwender mit diesen Werkzeugen wurde mit 79 Prozent (Indexierungs- und Klassifizierungstools) und 75 Prozent (Information Extraction-Tools) angegeben. Auf dem Markt der Dokumenten-Managementsysteme zeichnen sich – diesem Trend folgend – strategische Unternehmenszusammenschlüsse ab bzw. sind bereits vollzogen. Reine Klassifizierungs- und Indexierungsprodukte sind als Einzellösungen am Markt immer seltener zu bekommen. Aufgrund der Konsolidierung auf dem Markt der sog. Dokumenttechnologien (Document Related Technologies (DRT)) und der zunehmend zu beobachtenden Systemintegration (DMS, Workflow, Groupware usf.) werden die meist kleineren Anbieter solcher Speziallösungen aufgekauft, um deren Indexierungslösungen in den Funktionsumfang der DMS- bzw. Workflow-Produkte zu integrieren. Die Architektur der daraus resultierenden Dokumenten-Managementsysteme zeigt beispielhaft die Abbildung 1-1 auf der nächsten Seite, die Indexierungs- bzw. Klassifizierungskomponente ist integraler Bestandteil des DMS. In der Darstellung sind klassische DMS-Funktionen auch um ein Workflow-Management erweitert. Ein idealtypisches Beispiel dieser Entwicklung ist das Produkt Livelink der Firma Open Text (DIETRICH/LEDERER 2002)[5]. Livelink, ursprünglich ein klassisches DMS-Produkt, wurde in vergangenen Jahren zu einem umfassenden DRT-System mit Groupware-, Workflow-, Portal- und vielen weiteren Funktionalitäten ausgebaut. Auf diese Weise werden Dokumenten-Managementsysteme zu Anwendungen weiterentwickelt, die heute häufig unter der Bezeichnung „Wissensmanagement-System" (oder engl. „Knowledge Management-Tool") angeboten werden, auf jeden Fall aber relevante Dokumenttechnologien in einem System integrieren (VERSTEEGEN 2002; BEUTHNER 2001; KAMPFFMEYER/MERKEL 1999). Als ein Beispiel für den genannten Trend der Unternehmenszusammenschlüsse kann folgender Vorgang benannt werden: Die EASY Software AG, einer der wichtigsten Hersteller von Dokumenten-Managementsystemen, kaufte Ende 1999 mit dem Softwarehaus ZERES GmbH einen Spezialisten für automatische Dokumentklassifizierungen und –indexierungen. Unter dem bereits erwähnten Namen EASY GENIUS wird das Produkt zur automatischen Erschließung vertrieben und als Modul in die übrigen DRT-Produkte von EASY integriert.

Da inzwischen fast alle wichtigen Anbieter von DMS- oder Archivsystemen über eine Lösung zur automatischen Indexierung bzw. Klassifikation von Dokumenten verfügen, prognostizieren Experten weitreichende Auswirkungen auf den Markt:

> [Es] werden sich daraus ergebende Lösungen für die Emailarchivierung, automatische Indizierung von gescannten Faksimiles im Posteingangsbereich, Auswertung von Office-Dokumenten sowie die verbesserte Interpretation von Output im COLD-Umfeld als „Killer-Applikation" für alle anderen Archivsystemanbieter entwickeln, die diese Technologie nicht selbst besitzen oder noch nicht integriert haben. Das traditionelle Portfolio

---

5    Im Internet unter http://www.opentext.de.

von DMS- und Archivsystemanbietern verändert sich hierdurch: Content Management, elektronische Signatur, Anbindung von Workflow, echte Webfähigkeit und eben die automatische Indizierung stellen heute die wichtigsten Leistungsunterscheidungsmerkmale dar. (KAMPFFMEYER/ BREDOW 2000)

Die beispielhafte Darstellung der Architektur eines Dokumenten-Managementsystems zeigt gerade die Indexierungs- bzw. Klassifizierungsfunktion im Zentrum einer solchen Anwendung. Dabei erfüllt sie Aufgaben für die Repräsentation von Dokumenten (Metadaten) und das spätere Retrieval auf diese Repräsentationen sowie für die Initiierung von Workflows auf der Grundlage erkannter Merkmale der Dokumente.

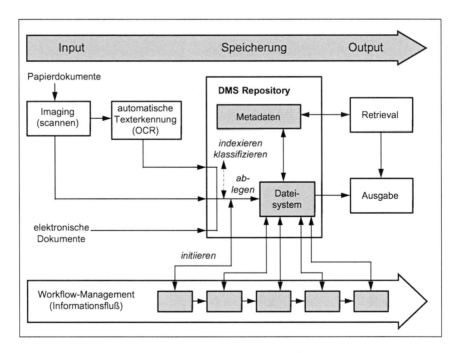

**Abbildung 1-1:** Architektur eines Dokumenten-Managementsystems

Bei der Betrachtung automatischer Verfahren der Dokumenterschließung lassen sich zunächst grundsätzlich zwei Ansätze unterschieden. Diese Ansätze beruhen allerdings teilweise auf ähnlichen methodischen Grundlagen – der Extraktion von Schlüsselwörtern (key words) oder Schlüsselsätzen (key phrases) (HAAG 2002; TURNEY 1997; SPARCK JONES 1999):

- die automatische Zusammenfassung von Textdokumenten (Automatic Text Summarization oder klassisch auch Automatic Abstracting) und

- die automatische Indexierung von textlichen Dokumenten (Automatic Indexing).

Viele Systeme für die automatische Zusammenfassung von Dokumenten ermitteln in einem ersten Analyseschritt key words oder key phrases, um aus diesen anschließend eine Zusammenfassung (Summary) zu erzeugen (so bspw. das in Abschnitt 4 vorgestellte System Extractor bzw. dessen Lizenzierung im Produkt Summarizer von Copernic (HAAG 2002)). Die zunächst erzeugten key words bzw. key phrases lassen sich in der Regel als Ergebnis einer automatischen Indexierung verwenden.

Die Darstellung in diesem Lehrbuch wird sich in den folgenden Abschnitten konzentrieren auf die automatische Indexierung als einem wichtigen Teilgebiet des Information Retrieval. Im Abschnitt 4 – Keyphrase Extraction – befinden wir uns jedoch bereits auf einer Schnittstelle zur automatischen Zusammenfassung von Texten und im Abschnitt 5 – Information Extraction und Text Mining – überschreiten wir die Schwelle zu textorientierten Miningverfahren und damit der inhaltlichen Analyse und Auswertung von Texten.

**Definition *Information Retrieval*:** Nach wie vor hat eine bereits klassische Definition des Fachgebietes Information Retrieval von SALTON und MCGILL ihre Gültigkeit:

> Gegenstand des Information Retrieval (IR) ist die Repräsentation, Speicherung und Organisation von Informationen und der Zugriff zu Informationen. (SALTON/MCGILL 1987, S. 1)

Terminologisch in modernerer Weise sowie eher den Zweck und die Prozesshaftigkeit des Information Retrieval hervorhebend, formuliert KNORZ (1995) eine Definition:

> Information Retrieval befaßt sich mit dem technisch-gestützten Prozess des Wissenstransfers vom Wissensproduzenten (klassisch: dem Autor) und dem Informations-Nachfragenden.

WEDEKIND (2001) setzt das Information Retrieval mit dem *Dokumenten-Retrieval* gleich und grenzt es ab zum *Daten-Retrieval* und zum *Wissens- bzw. Fakten-Retrieval*.

Während beim Information Retrieval der Informationsbedarf wechselt und immer wieder andere Anfragen formuliert werden, wird beim *Information Filtering* (IF) ein relativ konstanter Informationsbedarf voraus gesetzt, der nach definierten Kriterien (dem Informationsprofil) relevante Dokumente aus einer sich häufig verändernden Dokumentenbasis bzw. einem dynamischen Datenstrom (beispielsweise aus dem Nachrichtenticker von Wirtschaftsinformationsdiensten) filtert. Beim Information Filtering wird von der Annahme ausgegangen, dass ein gespeichertes Informationsprofil den konkreten Informationsbedarf widerspiegelt (MERTENS/GRIESE 2002, S. 29-30).

**D**

**Definition *Information Filtering*:** Information Filtering befasst sich mit der Repräsentation von Informationsbedarfen in Informationsprofilen, mit dem Ziel über diese Profile relevante Informationen aus Datenströmen bzw. dynamischen Dokumentkollektionen zu selektieren.

Obwohl Information Retrieval und Information Filtering hinsichtlich der Informationsselektion gleiche Ziele verfolgen, sind bei einer Betrachtung der Art des Informationsbedürfnisses und der Funktionsweise der Selektion Unterschiede festzustellen (BELKIN/CROFT 1992; MERTENS/GRIESE 2002). Die folgende Tabelle stellt die beiden Konzepte des Information Retrieval und des Information Filtering gegenüber.

| Information Retrieval | Information Filtering |
|---|---|
| Betrifft die einmalige Nutzung des Systems durch Benutzer mit einem konkreten, kurzfristigen Ziel | Betrifft die wiederholte Nutzung des Systems durch Personen mit dauerhaften Zielen bzw. Interessen |
| Erkennt Probleme, ob die Anfrage des Anwenders seine Zielvorstellung adäquat wiedergibt | Geht von der Annahme aus, dass ein Profil den konkreten Informationsbedarf widerspiegelt |
| Stellt das Sammeln und Organisieren von Dokumenten in den Vordergrund | Stellt die Verteilung von Dokumenten in den Vordergrund |
| Selektiert Dokumente typischerweise aus eher statischen Datenbanken | Selektiert oder eliminiert Dokumente aus einem dynamischen Datenstrom |
| Reagiert auf die Interaktion des Benutzers mit Ausgabetext innerhalb eines Suchprozesses | Reagiert nur langfristig auf Veränderungen über mehrere Suchprozesse hinweg |

**Tabelle 1-1:** Vergleich von Information Retrieval und Information Filtering (MERTENS/GRIESE 2002, S. 30)

Methodisch bestehen enge Beziehungen zwischen dem Information Retrieval und dem Information Filtering, da später zu besprechende Ansätze der Informationslinguistik, der Statistik oder der Repräsentation von Begriffen Anwendung finden.

Das Ziel von Information Retrieval-Systemen (IR-Systemen) ist es, wenig oder gänzlich unstrukturierte Informationen in einer Weise aufzubereiten, dass sie bei einem aktuellen Informationsbedürfnis mit entsprechenden Suchstrategien und –techniken möglichst präzise und vollständig wiederaufgefunden werden können. Ein Informationsbedürfnis ist immer Ausgangspunkt für die Kontaktierung eines Informationssystems (MANDL 2001). Dabei gelten größtmögliche Präzision (kein Ballast) und Vollständigkeit als ein nicht gemeinsam erreichbares Optimum.

Damit sind ganzheitliche Information Retrieval-Lösungen angesprochen, die aufeinander abgestimmte Verfahren der Indexierung (der Repräsentation von Dokumenteninhalten über Metainformationen), der Speicherorganisation und der Recherche (des Zugriffs auf die erzeugten Inhaltsrepräsentationen) nach Informationen anstreben. Das in der nachfolgenden Abbildung 1-2 dargestellte Grundmodell[6] eines Information Retrieval wird von FUHR (1997, S. 18) folgendermaßen beschrieben:

> Bei der Eingabe werden also Daten analysiert und dann in gespeichertes Wissen überführt. Beim Retrieval wird die benötigte Information durch Transformationen auf diesem gespeicherten Wissen erzeugt.

Dabei wird die Abhängigkeit des Retrievalprozesses (auf der rechten Seite der Abbildung) von den im Rahmen der Analyse erzeugten Repräsentationen des Wissens (auf der linken Seite der Abbildung) deutlich. Im speziellen Fall des Dokumenten-Retrieval werden auf der Analyseseite Dokumenteninhalte analysiert und repräsentiert. Auf dieser Basis werden im Retrievalprozess Dokumente rückgeliefert, deren Repräsentationen den angegebenen Suchkriterien in einer Rechercheformulierung entsprechen. Unterschiedliche Verfahren der Wissensrepräsentation können dabei zum Einsatz gelangen, sie liefern mehr oder weniger komplexe Abbildungen der Inhalte von Dokumenten oder verwenden strukturierte und systematisierte Modelle einer Wissensdomäne (z.B. Klassifikationen, Thesauri oder Ontologien).

---

6    Das hier dargestellte Grundmodell eines Information Retrieval sollte für die speziellen Fälle des IR, wie bspw. das Dokumentenretrieval oder das Faktenretrieval, angepasst werden (vgl. FUHR 1995).

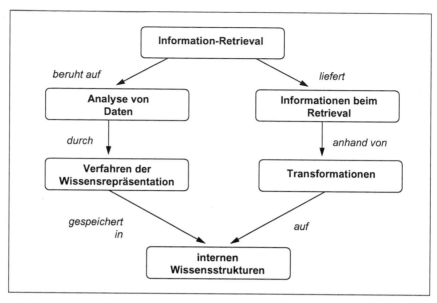

**Abbildung 1-2:** Grundmodell des Information-Retrieval nach FUHR (1997, S. 18)

Information Retrieval zeichnet sich aus durch vage Anfragen und unscharfes Wissen (KNORZ 1995) (vgl. Abbildung 1-3). Die Vagheit der Anfragesituation ergibt sich einerseits durch nicht eindeutig im Voraus definierbare Antworten. Insbesondere sind die Beurteilungen erzielter Retrievalergebnisse abhängig von den jeweils individuellen Relevanzbewertungen, die jeweils abhängig sind von der Tiefe und der Breite des Informationsbedürfnisses, den Vorkenntnissen und dem Zweck, dem eine Information dienen soll. HAAG (2002, S. 24) definiert die Relevanz eines Dokuments als den konkreten Nutzen zur Lösung einer Aufgabe bzw. eines Problems. Wenn also beispielsweise für die Beurteilung einer geschäftlichen Expansion eines Maschinenbauunternehmens Informationen über den *Maschinenbaumarkt in Estland* gesucht werden, ist eine Marktstudie über den *Markt für Werkzeug- und Verarbeitungsmaschinen im Baltikum* als eine relevante Antwort auf diese Frage anzusehen? Letztlich kann diese Frage ausschließlich durch den Informationssuchenden selbst beantwortet werden. Falls diese genannte Marktstudie als ein relevantes Dokument eingestuft wird, wäre es möglich durch eine entsprechende Reformulierung der Eingangsfrage an ein Informationssystem weitere Dokumente zu erhalten, die dem ersten Ergebnisdokument ähnlich sind. Information Retrieval ist also auch ein iterativer Prozess, der häufig erst im Dialog und in Abhängigkeit von der Bewertung der bisher erhaltenen Systemantworten zu einem gewünschten oder näherungsweise optimalen Resultat führt. In dieser Perspektive ist der Informationssuchende immer auch beteiligt am Ergebnis einer Recherche und damit an der Erbringung und am Erfolg der Informationsdienstleistung.

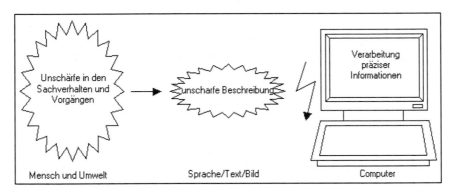

**Abbildung 1-3:** Unschärfe im Information Retrieval

Andererseits resultieren vage Anfragen an das Informationssystem aus der Problemsituation des Nutzers, „die sich durch ein Wissensdefizit bezüglich irgendeines Ausschnittes der Realität ergibt" (TEUBER 1996, S. 7). Dieses Wissensdefizit ist Anlass der Informationssuche, zugleich jedoch beeinflusst es diese Suche, da der Nutzer in dieser Situation meist nicht in der Lage ist, eine genaue und präzise Frage über ihm ein bislang unbekanntes Problem zu stellen bzw. zu formulieren. Das Paradoxon besteht darin, dass der Nutzer eine genaue Beschreibung des Problems erst nach einer erfolgten Suche nach den benötigten Informationen und deren Auswertung formulieren könnte. Dieser Zustand wird nach BELKIN häufig als *Anomalous State of Knowledge (ASK)* beschrieben (TEUBER 1996).

Die Resultate der Forschungsarbeiten auf dem Gebiet des Information Retrieval gehen nur langsam in praktische Anwendungen ein. Viele der grundlegenden Ansätze und Methoden gehen auf Forschungen bis in die 50er Jahre zurück. Erst mit dem Aufkommen der bekannten endnutzerorientierten Suchmaschinen im Internet und der elektronischen Speicherung von Dokumenten in Unternehmen (beispielsweise in Dokumenten-Managementsystemen oder dem Intranet) wurden und werden viele Erkenntnisse dieser Forschungsrichtung auf einer breiteren Basis diskutiert und eingesetzt und nun auch in diverse kommerzielle Datenbank- und Retrieval-Systeme integriert (beispielsweise in der Oracle-Datenbankwelt – Oracle TEXT, in Fulcrum oder in freeWAIS).

Wir können heute in Theorie und Praxis verschiedenste Technologien und Verfahren der Textanalyse und –bearbeitung unterscheiden. Eine Übersicht nach NASUKAWA und NAGANO (2001) zeigt die Tabelle 1-2. Diese Technologien erfüllen unterschiedliche Funktionen (die Suche nach bzw. die Organisation von Dokumenten und die Wissensentdeckung in Dokumenten) und dienen unterschiedlichen Zwecken. In der praktischen Anwendung werden die dargestellten Technologien teilweise einander ergänzend eingesetzt und treten meist als Technologiebündel auf.

| Function | Purpose | Techno-logy | Data Represen-tation | Natural Language Processing | Output |
|---|---|---|---|---|---|
| Search documents | Focus on data rela-ted to some spe-cific topics | Information retrieval | Character strings, keywords | Keyword extraction (conversion to base forms) | A set of documents |
| Organize documents | Overview of topics | Clustering, classifi-cation | Set of keywords (Vector space) | Analysis of keyword distribution | Sets (clusters) of docu-ments |
| Discover knowledge | Extract interesting information from content | NLP, data mining, visuali-zation | Semantic concepts | Semantic analysis, intention analysis | Digested information (trend patterns, association rules, etc.) |

**Tabelle 1-2:** Vergleich verschiedener Textanalysemethoden (nach NASUKAWA/ NAGANO 2001)

Das vorliegende Lehrbuch beschäftigt sich im Wesentlichen grundlegend mit dem Eingangsschritt des Information Retrieval, der Textanalyse und der Indexierung von Dokumenten. Da wir heute bereits eine weitgehend elektronische Verfügbarkeit der Dokumente unterstellen und von manuell nicht mehr beherrschbaren Dokumentenmengen im unternehmerischen Umfeld ausgehen, werden automatische Verfahren der Indexierung als die einzig realistische Möglichkeit einer inhaltlichen Erschließung behandelt. Zunächst werden einige Grundlagen der Indexierung dargestellt.

## 1.2 Indexierung

Angelehnt an die DIN 31 623-1 wollen wir Indexierung wie folgt verstehen:

**Definition *Indexierung*:** Indexierung ist die Gesamtheit der Methoden und Verfahren sowie deren Anwendungen, die zur Zuordnung von Metainformationen zu Dokumenten mit dem Ziel der Inhaltserschließung und der gezielten Wiederauffindung.

Die Indexierung gilt klassisch als ein manuelles und intellektuelles Verfahren

D

der inhaltlichen Analyse und Erschließung von Dokumenten[7]. In diesem Sinne verstanden, umfasst das Indexieren die folgenden Arbeitsschritte:

1. Das begriffliche Erfassen des Inhalts eines vorliegenden Dokuments (die Inhaltsanalyse),

2. die Repräsentation dieses Inhalts durch die sprachlichen Elemente einer Indexierungssprache (beispielsweise durch Deskriptoren eines Thesaurus oder Codierungselementen eines Klassifikationssystems, den sog. Notationen).

Dieser intellektuelle Vorgang der Dokumenterschließung bedingt eine Inhaltsanalyse, d.h. ein Verstehen des zu erschließenden Dokuments (NOHR 1999a). Diese klassische Form der inhaltlichen Dokumenterschließung ist heute noch weit verbreitet (Sie wird z.B. in Bibliotheken bevorzugt, steht jedoch auch dort in einer zunehmenden Kritik, vgl. LEPSKY 1996a und 1998.) und auf absehbare Zeit unumgänglich dort, wo Texte in einer nicht-elektronischen Form vorliegen oder die Dokumente ganz oder überwiegend aus nicht-sprachlichen Darstellungsformen (z.B. Bilder, Fotos, Filme usf.) bestehen, eine Textanalyse also nicht möglich ist und Verfahren der Bildanalyse noch nicht ausgereift sind und sich auf absehbare Zeit im Forschungsstadium befinden.

Indexieren erfüllt den Zweck einer inhaltlichen Repräsentation von Dokumenten mittels Metainformationen mit dem Ziel, diese im Zuge eines Information Retrieval unter entsprechenden Deskriptoren suchbar und auffindbar zu machen. Die Deskriptoren werden in der Regel einem kontrollierten und normierten Indexierungsvokabular (Indexierungs- oder Dokumentationssprache) entnommen, das nicht nur sprachoberflächliche Strukturen abbildet sondern Begriffe eindeutig repräsentieren soll. Dieses Vorgehen war historisch notwendig, da in der frühen Literaturdokumentation oder im Bibliothekswesen lediglich bibliographische Angaben eines Dokuments – evtl. mit zusätzlichen Abstracts – gespeichert werden konnten, aus kapazitären Gründen keinesfalls jedoch der Volltext selbst. Der intellektuelle Ansatz verfolgt eine *begriffliche* Aufschließung des Dokumenteninhalts, d.h. er verlässt die sprachliche (Oberflächen-)Ebene eines Textes und möchte stattdessen seine Bedeutungskomponente repräsentieren. Sprachliche Elemente (Deskriptoren) werden dabei als eindeutige Repräsentanten einer begrifflichen Bedeutung angesehen. Indexierungssprachen, die eine solche Repräsentation leisten, werden als Thesaurus bezeichnet. Die folgende Abbil-

---

7   Oft werden in der einschlägigen Fachliteratur der Entwurf und die Verwaltung von Indexierungssprachen ebenfalls unter dem Begriff der Indexierung gefasst. Davon wird dann das Indexieren als Tätigkeit abgegrenzt.

dung 1-4 illustriert den Vorgang des Information Retrieval mit Controlled Terms eines Thesaurus (NOHR 2000).

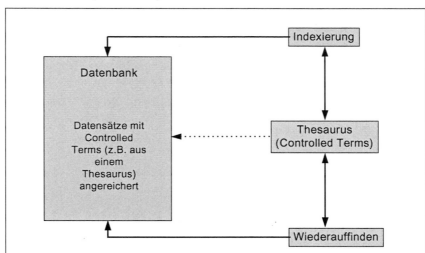

**Abbildung 1-4:** Modell des Information Retrieval mit Controlled Terms

**D**

**Definition *Thesaurus*:** Ein Thesaurus im Information Retrieval wird definiert als eine verbindliche Liste von Begriffen und ihren Bezeichnungen (Deskriptoren, controlled terms). Ein Thesaurus deckt möglichst umfassend und systematisch eine Domäne ab, weist synonyme Bezeichnungen (Nicht-Deskriptoren) aus, bildet Beziehungen (z.B. hierarchische Beziehungen) zwischen Begriffen ab und übt terminologische Kontrolle aus (GEBHARDT 1981; FUGMANN 1992; FERBER 2003).

Fortgeschrittene Systeme der Wissensrepräsentation sind *Ontologien*. Mächtigere Repräsentationsformen versetzen Ontologien in die Lage, tatsächlich in der Realität bestehende semantische und syntaktische Beziehungen zwischen Begriffen differenzierter abzubilden. Diese Eigenschaft macht Ontologien zu interessanten Werkzeugen für die Textanalyse, wie sie beispielsweise im Text Mining oder für die Informationsextraktion benötigt werden. Mit der Anwendung von Ontologien in diesem Zusammenhang werden wir uns daher im Kapitel 5 näher beschäftigen. An dieser Stelle sein der Begriff der Ontologie bereits einführend definiert.

**D**

**Definition *Ontologie*:** Eine Ontologie ist ein explizit gefasstes, formales und maschinenlesbares Modell einer Anwendungsdomäne, das der Verbesserung der Wissenskommunikation zwischen Menschen und Maschinen dient. Sie besteht aus einer Terminologie in der die Begriffe der Anwendungsdomäne festgelegt sind und einer Menge von logischen Aussagen über diese Objekte. Begriffe und ihre typisierten Beziehungen müssen durch die Nutzer in Verhandlungen ausgearbeitet werden. Ontologien sind eine spezielle Ausprägung semantischer Netze (vgl. ANGELE 2003; MAEDCHE 2002).

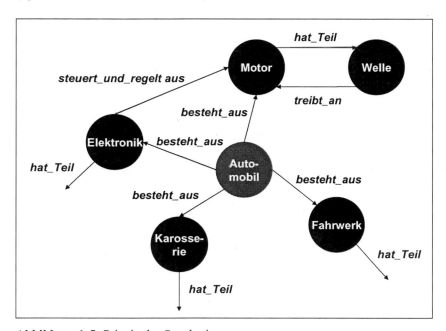

**Abbildung 1-5:** Prinzip der Ontologie

Maschineneinsatz, wachsende Speicherkapazitäten und eine stetige Zunahme elektronischer Texte führten zum Ansatz der automatischen Indexierungsverfahren. Der Beginn dieser Automatisierung wird mit den Arbeiten HANS PETER LUHN'S (1958) – einem Mitarbeiter von IBM – verbunden. Im Gegensatz zu den intellektuellen Verfahren arbeiten alle automatischen Indexierungsmethoden mehr oder weniger mit der sprachlichen Oberfläche von Dokumenten – mit Termen (im Sinne von Zeichenketten) und nicht bzw. zunächst nicht mit der Bedeutung dieser Terme oder ganzer Texte.

**Definition *automatische Indexierung*:** Unter einer automatischen Indexierung wollen wir in diesem Lehrbuch Verfahren verstehen, die vollautomatisch Dokumente analysieren und abgeleitet aus dieser Analyse entweder ausgewählte Terme aus dem Dokument extrahieren und – unter bestimmten Verfahrensvoraussetzungen in einer bearbeiteten Form – als Indexterme abspeichern (Extraktionsverfahren) oder Deskriptoren einer kontrollierten Indexierungssprache dem Dokument als Inhaltsrepräsentanten zuweisen (Additionsverfahren).

Die DIN 31623-1 unterscheidet drei *Indexierungsmethoden*:

- **Intellektuelle Indexierung** ist die Indexierungsmethode, bei der die Deskriptoren oder Notationen aufgrund einer intellektuellen Inhaltsanalyse des Dokuments ohne maschinelle Hilfe zugeteilt werden.

- **Computerunterstützte Indexierung** ist die Indexierungsmethode, nach der dem Indexierer mit Hilfe einer Datenverarbeitungsanlage Deskriptoren oder Notationen vorgeschlagen werden (semiautomatische Indexierung).

- **Automatische Indexierung** ist die Indexierungsmethode, nach der zu einem Dokument Deskriptoren oder Notationen von einem Computer ermittelt werden.

Als eine Zwischenstufe zwischen den intellektuellen und den automatischen Indexierungsverfahren können also *semi*-automatische Verfahren (computerunterstützte Indexierung, engl.: computer assisted indexing) implementiert werden (DIN 31623-1). Bei dieser Methode werden maschinell erzeugte Indexterme als Vorschlag betrachtet, die durch menschliche Indexierer kontrolliert und ggf. nachbearbeitet werden. Prinzipiell kann jedes Indexierungssystem in einem semi-automatischen Verfahrensablauf eingesetzt werden. Die getroffene Unterscheidung in *voll*automatische und *semi*-automatische Verfahren beschreibt weniger verschiedenartige System- oder Verfahrensklassen, als vielmehr die Implementierung unterschiedlicher Indexierungsprozesse auf einer ablauforganisatorischen Ebene.

Seit der Verfügbarkeit automatischer Verfahren stehen intellektuelle und automatische Indexierungsverfahren in einem Konkurrenzverhältnis zueinander. Dieses Konkurrenzverhältnis scheint unauflösbar, da beiden Verfahren grundsätzlich unterschiedliche Ausgangspositionen und Grundannahmen zugrunde liegen (vgl. auch NOHR 2000; MANDL 2001):

*Intellektuelle Verfahren*
streben die korrekte und konsistente Repräsentation von Dokumenteninhalten (der Bedeutungsebene) an, indem sie die durch eine Inhaltsanalyse erkannten behandelten Gegenstände durch normierte Benennungen einer Indexierungssprache (Deskriptoren) wiedergeben.

*Automatische Verfahren*
wollen vorliegende Dokumente in einer Weise aufbereiten, dass sie für anschließende Retrievalfragen über Indexterme eine bestmögliche Wiederauffindbarkeit herstellen.

Ein Modell der Informationserschließung, ohne die Berücksichtigung intellektueller oder automatischer Unterschiedlichkeiten im Ablauf einer Indexierung, wird durch die folgende Abbildung 1-6 schematisch beschrieben. Dabei wird deutlich, dass Text- und Anfragebeschreibungen auf eine gemeinsame Indexierungssprache referenzieren.

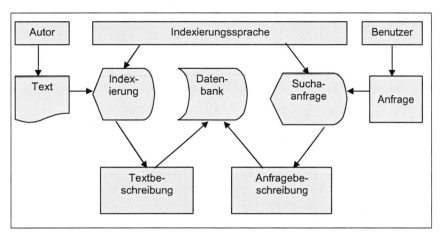

**Abbildung 1-6:** Modell der Informationserschließung

Die Kritiker einer Automatisierung der inhaltlichen Erschließung von Dokumenten führen gewöhnlich die sprachliche Vielfalt und den Variantenreichtum sprachlicher Produktionen ins Feld. Diese seien durch maschinelle Verfahren unmöglich erkennbar oder gar „verstehbar". Nicht jedes angesprochene Thema, so ihre Argumentation, könne daher korrekt und konsistent repräsentiert werden. Der Automatischen Indexierung liege die irrige Annahme zugrunde, es genüge aus den Termen einer Dokumentenvorlage eine Auswahl von Termen für die Generierung eines Index zu treffen. Eine Rückführung sprachlicher Ausdrücke auf ihren Bedeutungsgehalt unterbliebe dabei ebenso, wie die Lexikalisierung von Paraphrasen oder die Ausweisung von begrifflichen Relationen. Kurz, inhaltliche Dokumenterschließung sei kein formalisierbarer Prozess und somit nicht geeignet für eine Automatisierung. Folgt man neueren sprachwissenschaftlichen Theorien, die eine Bedeutung von sprachlichen Ausdrücken jeweils aus einem Kontext ableiten, so kann dieser Argumentation sicher gefolgt werden.

Anhänger der automatischen Indexierungsverfahren verweisen dagegen auf die Unmöglichkeit der intellektuellen Behandlung heutiger Dokumentenmengen („Informationsflut") und versuchen darüber hinaus durch empirische Untersuchungen (Retrievaltests) zu belegen, dass automatische Verfahren, verglichen mit der intellektuellen Indexierung, mindestens gleich gute Resultate bei der Rückgewinnung von Dokumenten erzielen. Dieser Nachweis gelingt tatsächlich in einer großen Zahl durchgeführter Tests. Da Retrievaltests jedoch auf einer Reihe subjektiver Parametrisierungen beruhen (bspw. der Festlegung eines Relevanzkriteriums für die aufgefundenen Dokumente), werden ihre Resultate vielfach angefochten (SACHSE et al. 1998) bzw. nur unter Vorbehalt betrachtet. Zudem lassen sich die Resultate von Retrievaltests nur schwer generalisieren und daher kaum miteinander vergleichen, da Testbedingungen häufig nicht einheitlich sind. Bei der empirischen Untersuchung von Informationssystemen ist der Mensch als Anwender und Informationsnachfrager ein – häufig kritischer – Bestandteil des Systems (KRAUSE 1996), den es zu berücksichtigen gilt (HAAG 2002). Damit sind Retrievaltest allerdings zwangsläufig abhängig vom jeweiligen Anwendungsumfeld. Im Kapitel 7 werden Retrievaltests eingehender behandelt.

Für die Bearbeitung großer Dokumentenmengen, wie sie heute in Organisationen täglich anfallen, bieten die Kritiker der Automatisierung einer inhaltlichen Erschließung keine Lösungen an. Unseres Erachtens sprechen diese Rahmenbedingungen in vielen Anwendungsfällen jedoch zwingend für ein automatisches Verfahren der Indexierung (Vor- und Nachteile beider Verfahren besprechen auch JÜTTNER/GÜNTZER 1988). Ohne Automatisierung lassen sich die Dokumentmengen häufig nicht mehr bewältigen, d.h. intellektuelle Indexierung wäre nur unter Verzicht auf die inhaltliche Behandlung einer größeren Teilmenge vorhandener Dokumente möglich oder um den Preis einer erheblichen zeitlichen Verzögerung. Zudem schlägt bei einer intellektuellen Vergabe von Deskriptoren das Kostenargument zu Buche: Eine hohe Qualität intellektueller Indexierung – eines der Hauptargumente ihrer Befürworter – wird nur durch den Einsatz entsprechend qualifizierten Fachpersonals erreicht werden können. Daher fallen nach einer neueren Studie aus dem InformationsZentrum Sozialwissenschaften (Bonn) durchschnittlich 22,- DM für die Indexierung eines einzelnen Dokuments an (KRAUSE/MUTSCHKE 1999). KUHLEN (1999) beziffert die Kosten für die formale und inhaltliche Erschließung eines Dokuments sogar auf einen Betrag zwischen 30,- DM und 150,- DM. Andererseits werden ebenfalls zu hohe Kosten von Unternehmen als Hauptgrund angegeben, die bislang auf Systeme aus dem Bereich der Dokumenttechnologien verzichten, wie die bereits angeführte Untersuchung des IAO zeigte (ALTENHOFEN 2002b). SCHERER (2003, S. 9-10) rechnet für ein bibliothekarisches Anwendungsfeld mit Kosten von rund 10 Euro für jedes manuell erstellte Indexat. Der Anschaffungspreis von 50.000 Euro für ein Indexierungssystem – das teuerste Angebot im Rahmen des von SCHERER (2003) beschriebenen BAM-Projekts – hätte sich so bereits bei 5.000 Datensätzen aufgerechnet.

Wenn die Inhaltsanalyse und –erkennung mit dem Ziel der Initiierung eines „Workflow nach Posteingang" erfolgt, d.h. nach dem Posteingang und gegebenenfalls dem Einscannen papierener Dokumente eine automatische Dokumentenverteilung (Workflow) im Unternehmen erfolgen soll, spielt der Zeitfaktor eine überragende Rolle. Einsparungen von einigen Stunden oder gar Minuten können zu wirtschaftlichen Vorteilen führen. Manuelle Lösungen sind allein aus diesem Grunde ausgeschlossen.

Eine Reihe von bekannten Nachteilen der intellektuellen Verfahren der Dokumenterschließung hat kürzlich HAUER (2000, S. 203) in der folgenden Liste zusammengefasst:

1. messbare Kosten bei Erstellung und Pflege von Terminologien (Nicht-Finden erzeugt keine messbaren Kosten);

2. schwerfälliges Handling von – noch immer oft – gedruckten Terminologien bei der Anwendung;

3. erhebliche Kosten bei der intellektuellen Indexierung;

4. menschliche Inkonsistenz bei der Indexierung mit der Folge Informationsverlust bei der Recherche;

5. ständiges Risiko der Veraltung eingesetzter Terminologien;

6. ständiges Risiko der Abspaltung von Anwendergruppen, da neue Themen und anderes Sprachverständnis (Sprache geht unter die Haut).

Dagegen stehen beispielsweise ebenso hohe Kosten für eine kontinuierlich notwendige Pflege von Indexierungswörterbüchern bei vielen automatischen Verfahren der informationslinguistischen Richtung und der Indexierungssprachen (beispielsweise Thesauri) bei den begrifflich orientierten Verfahren oder auch die Erkenntnis, dass eine automatisch erzeugte Konsistenz bei der Indexierung noch keine korrekte Indexierung bedeutet. Ein Verfahren kann konsistent, aber eben auch konsistent fehlerhaft arbeiten. Indexierungskonsistenz ist damit nicht allein als ein Kriterium zulässig, wenn es um die Beurteilung eines Indexierungsverfahrens geht.

Ähnliche Diskussionen zwischen Befürwortern intellektueller bzw. automatischer Ansätze vollziehen sich auf dem Gebiet der Zusammenfassung von Texten (Text Summarization). Auch auf diesem Gebiet werden die Vorzüge und Nachteile automatischer Verfahren (Automatic Text Summarization) kontrovers diskutiert.

Diese grundsätzliche Problematik wird sich ob der unterschiedlichen Ansätze und Argumentationen kaum lösen lassen. Faktisch wird die Frage allerdings durch die Rahmenbedingungen beantwortet, die durch große Dokumentmengen, Anforderungen an eine zeitgerechte Verarbeitung und der Wirtschaftlichkeit gesetzt werden. Rechtliche Auflagen hinsichtlich der Aufbewahrung und Zugänglichkeit von Dokumenten treten hinzu.

Im nächsten Kapitel werden wir zunächst einige Grundsätze der automatischen Indexierung erörtert und daraus eine Klassifikation der verschiedenen Verfahrensansätze ableiten, die in der weiteren Erörterung in Kapitel 3 als Grundlage dienen wird.

# 2. Automatische Indexierung

**Lernziele**

Nach der Bearbeitung dieses Kapitels sollten Sie
- grundsätzliche Probleme automatischer Sprachverarbeitung und Indexierung kennen,
- die unterschiedlichen Ansätze von Extraktions- und Additionsverfahren beschreiben können,
- verschiedene Verfahren der automatischen Indexierung benennen können und
- eine begründete Systematisierung automatischer Indexierungsverfahren vornehmen können.

Z

## 2.1 Grundsätze

Die automatische Indexierung ist hinsichtlich einer Reihe von Grundannahmen durchaus vergleichbar mit weiteren Anwendungsfeldern der automatischen Sprachverarbeitung (Natural Language Processing (NLP)), wie beispielsweise der maschinellen Übersetzung (ZIMMERMANN 1989; 1990; 1991) oder der sozialwissenschaftlichen Inhaltsanalyse (MERGENTHALER 1996; GEIS 1992). Insbesondere gilt dies für die automatischen Indexierungsverfahren der informationslinguistischen Provenienz.

Die Prämisse einer jeglichen automatischen Sprachverarbeitung – und damit auch der automatischen Indexierung, gleich welchen Ansatzes – ist die Annahme einer mehr oder weniger starken Korrespondenz zwischen sprachlicher Repräsentation (der Sprachoberfläche) und der durch einen Verfasser angestrebten Bedeutung (Korrespondenz- oder Abbildtheorie) eines Textes. Die Korrespondenztheorie geht von einer eindeutigen Abbildung von Dingen und Sachverhalten durch sprachliche Ausdrücke und Sätze aus. Damit wäre eine wichtige Voraussetzung der automatischen Sprachverarbeitung gegeben, wie sie z.B. durch folgende Aussage beschrieben wird:

> Die Bedeutungen der Wörter und Sätze stehen fest, sind unabhängig von ihrem Verwendungszusammenhang mit sich identisch: jederzeit reproduzierbar ... (SCHMITZ 1992, S. 61).

Diese Annahme ist jedoch in hohem Maße kritisch zu bewerten (STROHNER 1990), da eine solche Korrespondenz zwischen einer sprachlichen Ausdrucksweise und ihrer Bedeutung wenigstens auch auf Konvention beruht und damit nicht a priori gegeben ist. Konventionen aber werden in Sprachgemeinschaften und heute zunehmend in Subsystemen aufgestellt (etwa in Fachgemeinschaften mit ihren jeweiligen Fachsprachen oder einzelnen Unternehmen, in sog. Communities of Practice, in sozialen Gemeinschaften oder in regionalen Sprachgemeinschaften usf.). In der modernen Sprachwissenschaft wird die Bedeutung eines Wortes durch den Gebrauch desselben im jeweiligen Verwendungskontext gesehen (zur kritischen Diskussion der Korrespondenz- bzw. Abbildtheorie siehe SCHMITZ 1992, insbes. das Kapitel 2.3). So sieht bspw. GENZMER Wörter als Zeichen, die durch ihre Funktion definiert und damit Bedeutungsträger sind. Weiter führt er aus:

> Es gibt aber keine andere Bedeutung als eine kontextabhängige.
> (...)
> Somit ist jedes Zeichen nur relativ definiert und nie absolut, immer jedoch durch seine Stellung im Kontext. Dadurch wird folglich so etwas wie eine eindeutige Lexikonbedeutung in Zweifel gezogen, denn es handelt sich dabei um nichts anderes als auf künstliche Weise isolierte und kontextfreie Bedeutungen. (GENZMER 1995, S. 14)

Die Wortbedeutung (Semantik) wird u.a. bei MILLER (1996) und CRYSTAL (1995) ausführlicher diskutiert. Für die Diskussion in unserem Zusammenhang bleibt festzuhalten, dass es eine eindeutige Semantik sprachlicher Zeichen nicht gibt. Vielmehr ist Bedeutung ein Produkt von Konventionen bzw. kommunikativer Prozesse.

Der Versuch, „Realität" durch sprachliche Ausdrucksweisen zu beschreiben, ist in Wirklichkeit ein konstruktiver Akt (STROHNER 1990). Die „Realität", die wir zu beschreiben versuchen, wird tatsächlich erst durch eine Interaktion von Wahrnehmung und Sprache konstruiert. Diese konstruktivistische Position ist für die Frage, inwieweit Sprache als Repräsentation der „Realität" dienen kann und damit für den Ansatz maschineller Sprachverarbeitung, von herausragender Bedeutung. Alle an der sprachlichen Oberfläche orientierten Verfahren können unter dieser sprachwissenschaftlichen Annahme keinen Bedeutungsgehalt repräsentieren.

Automatische Verfahren der Inhaltserschließung beinhalten in einem ersten Schritt keine Inhaltsanalyse im Sinne eines Verstehens des Bedeutungsgehalts eines Dokuments, wie sie bei intellektueller Indexierung notwendige Voraussetzung ist (NOHR 1999a). Die Analyse der Dokumente ist an statistischen bzw. linguistischen Kriterien orientiert oder folgt einer Mustererkennung. Diese Verfahren sind im Grunde Extraktionsmethoden, d.h. sie arbeiten ausschließlich mit den sprachlichen Ausdrucksweisen, wie sie in der Dokumentvorlage gegeben sind. In den zum Zwecke des Wiederauffindens angelegten Indizes gehen nur

Terme ein, die dem Dokument entnommen sind. Aus der Menge der Terme eines Dokuments kann allerdings eine Auswahl getroffen werden – es werden „gute" Indexterme für die inhaltliche Repräsentation des Dokuments gesucht. Diese Auswahl kann anhand statistischer Methoden erfolgen (Abschnitt 3.1) oder durch den Abgleich mit elektronischen Wörterbüchern bewerkstelligt kommen (Abschnitt 3.2). Eine weitere Methode die Auswahl zu treffen, ist die Mustererkennung (Pattern-Matching), sie wird in Abschnitt 3.3 behandelt. Die extrahierten Terme werden meist einer mehr oder weniger weitgehenden Bearbeitung unterzogen, bspw. einer Rückführung auf die Grundform, den Wortstamm oder einer Dekomposition. Das Werkzeug dieser Bearbeitungen liefern die informationslinguistischen Verfahren. Eine Rückführung auf Bedeutungen wird in den genannten Ansätzen nicht vorgenommen. So wird bei diesen Verfahren beispielsweise nicht unterschieden, ob ein Textterm „Bank" im Sinne eines Sitzmöbel oder eines Kreditinstituts gemeint ist. Die Repräsentation im Index bliebe in gleichen Fällen ununterscheidbar dieselbe. Ebenso wenig werden verschiedene Benennungen („Klavier", „Piano", „Flügel") zusammengeführt, wenn sie den selben Begriff repräsentieren.

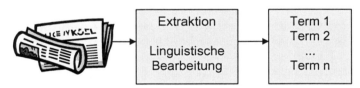

**Abbildung 2-1:** Modell der Extraktionsverfahren

Verfahren, die eine begriffsorientierte Verarbeitung zum Ziel haben, wollen eine bedeutungsabhängige Repräsentation der zu indexierenden Dokumente erreichen, d.h. sie wollen nicht Terme sondern Bedeutungen ermitteln und nachweisen. Auch diese Verfahren leisten jedoch keine Inhaltsanalyse in einem eigentlichen Sinne. Vielmehr wird auch bei ihnen (beispielsweise aufgrund von Heuristiken oder Wahrscheinlichkeitswerten) vom Wortmaterial eines Textes (von der Sprachoberfläche) geschlossen auf eine begriffliche Bedeutung (vgl. das Darmstädter Verfahren AIR, Abschnitt 3.4.1). Die Repräsentation dieser Bedeutung erfolgt jedoch nicht durch extrahierte Terme aus der Vorlage. Vielmehr wird die erkannte Bedeutung abgebildet auf eine normierte Indexierungssprache (beispielsweise auf einen Thesaurus), deren Deskriptoren eindeutige Bedeutungen repräsentieren und den Dokumenten als Indexterme zugeteilt werden. Auch die Abbildung auf die Klassen eines Klassifikationssystems ist möglich und in realisierten Informationssystemen anzutreffen (vgl. dafür bspw. das Verfahren im web-basierten System GERHARD, Abschnitt 3.4.2), in diesem Falle werden

Notationselemente zugewiesen, die ebenfalls eine eindeutig festgelegte Bedeutung repräsentieren.

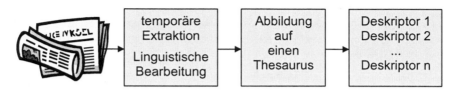

**Abbildung 2-2:** Modell begriffsorientierter Verfahren

Umsetzbar in eine automatische Lösung sind Aufgaben die wohldefiniert und in ihren Abläufen und Bestandteilen gut beschreibbar sind, also einer gewissen Regelhaftigkeit folgen. Ob der Vorgang des Indexierens (im Sinne einer begrifflichen Repräsentanz durch Deskriptoren einer kontrollierten Indexierungssprache) eine solche Aufgabe ist, bleibt wenigstens fraglich. MATER (1990, S. 37) spricht vom Indexieren als einem „weitgehend irrationalem Vorgang". Tatsächlich kann er Untersuchungsergebnisse anführen, die belegen, dass mehrere Indexierer bei der Bearbeitung des selben Textes weniger als 50 Prozent Übereinstimmung (Indexierungskonsistenz) erzielen. Diese Resultate lassen am begriffsorientierten Ansatz des automatischen Indexierens zweifeln, da eine Regelhaftigkeit des Indexierungsvorgangs, die eine notwendige Voraussetzung einer jeden Prozessautomatisierung ist, tatsächlich nicht gegeben bzw. erkennbar zu sein scheint. Zugleich jedoch werden auch der intellektuellen Indexierung mangelhafte Resultate aufgrund von Konsistenzproblemen nachgewiesen.[8] Wieder können hier nur empirische Retrieval-Untersuchungen anhand konkreter Systeme und klar definierter Anwendungsumgebungen einen Aufschluss über das geeignetere Indexierungsverfahren oder über geeignete Indexierungssysteme geben (vgl. zu Retrieval-Studien das Kapitel 7).

Ein gravierendes Problem der begriffsorientierte Ansätze ist der meist recht hohe Aufwand für deren Vorbereitung und Implementierung. Diese Verfahren benötigen in der Regel schon für eingeschränkte Fachgebiete umfangreiche Erkennungswörterbücher und Thesauri sowie komplexe Mechanismen des Mappings zwischen diesen beiden terminologischen Werkzeugen. Zudem ist ein dauerhaft hoher Aufwand für die kontinuierliche Pflege dieser terminologischen Werkzeuge einzuplanen, da Sprache ein sich ständig weiterentwickelndes System darstellt. Vor allem für thematisch weite oder offene Indexierungsaufgaben gibt es für diesen Ansatz bislang keine wirklich befriedigenden Lösungen oder gar

---

8   Vgl. zu der Konsistenzproblematik und ihrer Bewertung bei der Indexierung PANYR (1983) und KNORZ (1997b).

praktische Umsetzungen der methodisch anspruchsvolleren Systeme dieses Typs, wohl aber einige pragmatisch angelegte Indexierungssysteme.

An der sprachlichen Oberfläche orientierte Verfahren, die durch geeignete Maßnahmen die Vielgestaltigkeit der Wortformen einer Sprache für das Retrieval einschränken und zudem aus dem Wortschatz des Originaldokuments eine Auswahl geeigneter Indexterme treffen, scheinen auf Dauer einen wertvolleren und effizienteren Beitrag zur Verbesserung des Information Retrieval zu leisten, als dies die methodisch anspruchsvollen begriffsorientierten Verfahren in Aussicht stellen.

## 2.2 Verfahrensübersicht

Die Landschaft der automatischen Indexierung besteht, wie wir bereits gesehen haben, aus einer ganzen Reihe höchst unterschiedlicher methodischer Ansätze und Verfahren. Manche dieser Ansätze können einander in der praktischen Anwendung ergänzen, andere stehen in Konkurrenz zu einander. In diesem Abschnitt soll daher zunächst eine grundsätzliche Systematisierung der verfügbaren Verfahren in Verfahrensklassen vorgestellt werden, um für die Darstellung im nächsten Kapitel eine sinnvolle Einteilung und Abgrenzung der verschiedenen Ansätze treffen zu können.

Die in diesem Buch behandelten automatischen Verfahren der Indexierung lassen sich – unterschieden nach ihren grundsätzlichen methodischen Ansätzen – in die nachfolgend angeführten fünf Kategorien einteilen[9]:

■ **Einfache Stichwortextraktion / Volltextinvertierung**

Gleichwohl dieses Verfahren vollautomatisch arbeitet, indem es alle Wörter (im Sinne von Zeichenketten) eines Textes in einer invertierten Liste ablegt, kann es dennoch nicht eigentlich zu den automatischen Indexierungsverfahren gezählt werden (REIMER 1992; dagegen z.B. KNORZ 1994, der dieses Verfahren als eine elementare und einfache Form der automatischen Indexierung ansieht), da bei diesen doch wenigstens eine Auswahl- und/oder Bearbeitungsfunktion erwartet würde. Weder trifft dieses Verfahren eine Auswahl – abgesehen von einer möglichen Eliminierung von Stoppwörtern durch Stoppwortlisten, durch die erfahrungsgemäß rund 40 Prozent der

---

9    An dieser Stelle ist eine Abgrenzung zum Ansatz der „automatischen Klassifikation" zu treffen: Wir sprechen im Rahmen dieser Veröffentlichung von „automatischer Klassifikation" im Sinne eines Clustering, d.h. wenn auch die Klassifikation selbst das Ergebnis eines automatischen Verfahrens ist. Werden hingegen Dokumente einem vorab bestehenden Klassifikationssystem zugeordnet, rechnen wir diese Ansätze dem „automatischen Indexieren" zu. Zur Einführung in die automatische Klassifikation vgl. SALTON (1978) und PANYR (1986a).

Wörter eines Dokuments eliminiert werden – noch werden die Wörter in irgendeiner Form bearbeitet, bevor sie als Indexterme für ein Information Retrieval bereitgestellt werden. Diese Technik der Indexerstellung soll hier daher nicht weiter behandelt werden.

Hinzuweisen ist jedoch auf eine hohe praktische Relevanz einer Volltextindexierung (da sie wenig aufwändig ist, wird sie in vielen realisierten Informationssystemen vorgenommen), allerdings ebenso auf die erheblichen Nachteile für den Such- und Findevorgang (HENZLER 1978; LUCKHARDT 1996), da sprachliche Vielfalt hier als ein Problem des Retrievalvorgangs und damit des Nutzers eines IR-Systems verstanden wird. In diversen Retrievaltests wurden die Nachteile und die Unterlegenheit einer solchen zeichenkettenorientierten Volltextinvertierung festgestellt, beispielsweise in den MILOS-Retrievaltests oder den Retrievaltests im Rahmen von PADOK (siehe Abschnitte 3.2.2 und 3.2.3).

### ■ Statistische Verfahren

Für die statistischen Verfahren der Indexierung stehen bspw. die klassischen Ansätze von H.P. LUHN, G. SALTON oder K. SPARCK JONES sowie deren diverse Nachfolger, die ursprüngliche Ansätze in vielfältiger Weise modifiziert und weiterentwickelt haben. Unter den Indexierungsverfahren sind statistischbasierte Methoden historisch die ersten Ansätze gewesen. Heute sind vielfältigste Variationen im Einsatz, die jedoch noch immer auf die Grundannahmen LUHN's zurückgehen. In der Praxis stellen die statistischen Verfahren die verbreitetste und ausgereifteste Verfahrensklasse dar (LUHN 1958; RIJSBERGEN 1979; SALTON/MCGILL 1987). Diese Ansätze der automatischen Indexierung sind heute in vielen handelsüblichen Datenbank- und Informationssystemen integriert.

### ■ Informations- bzw. Computerlinguistische Verfahren

Informationslinguistische Verfahren analysieren und bearbeiten die Texte in linguistischer Hinsicht. Diese Verfahren können in die regelbasierten Ansätze und in wörterbuchgestützte Ansätze unterschieden werden. Kombinationen dieser beiden Ansätze sind im konkreten Anwendungsfall sinnvoll und können in der Praxis vorkommen.

♦ Regelbasierte Verfahren (algorithmische Verfahren)

Bei den regelbasierten Verfahren handelt es sich um eine Verfahrensklasse der automatischen Indexierung, die sprachliche Regelhaftigkeiten in Algorithmen (beispielsweise Reduktionsalgorithmen) abbildet und so eine generalisierte Textanalyse und -bearbeitung anstrebt. Vertreter dieser Kategorie sind beispielsweise mit dem britischen Retrievalsystem Okapi (siehe Kapitel 6) realisiert worden oder mit dem deutschen Bibliothekssystem OSIRIS, das Nominalphrasen analysiert (KUHLEN 1974; SCHNEIDER 1985; AHLFELD 1995; RONTHALER/SAUER 1997).

◆ Wörterbuchbasierte Verfahren

Die hier subsumierten Verfahren beruhen auf umfangreichen elektronischen Wörterbüchern. Diese Wörterbücher dienen der Erkennung von auftretenden Texttermen sowie ihrer anschließenden Bearbeitung. Alle möglichen Bearbeitungen (Wortformenreduktion, Dekomposition, Derivation usf.) müssen in den Wörterbüchern angelegt sein. Beispiele für diese Verfahrensklasse sind die Indexierungssysteme PASSAT, IDX oder EXTRAKT (GRÄBNITZ 1987; LUSTIG 1986; ZIMMERMANN 1996; LEPSKY 1996a, b)

■ **Pattern-Matching-Verfahren**

Bei den Pattern-Matching-Verfahren (dt.: Mustererkennungsverfahren) handelt es sich um Indexierungsverfahren, die anhand erlernter oder implementierter Muster Terme oder Termgruppen innerhalb eines Textes erkennen können. Beispiele für diese Klasse sind das u.a. Indexierungssystem FIPRAN (VOLK et al. 1992) oder SER-Brainware, ein selbstlernendes Analyse- und Kategorisierungssystem aus dem Umfeld des Dokumentenmanagements (HENTSCHEL/KÖRBER 2000).

■ **Begriffsorientierte Verfahren**

Bei den sog. begriffsorientierten Ansätzen handelt es sich um Verfahren, die aufgrund einer Textwort- bzw. Textanalyse auf Dokumenteninhalte schließen und diese anschließend durch zugeteilte Indexierungsterme einer kontrollierten Indexierungssprache (z.B. eines Thesaurus) repräsentieren. Die Systeme dieses Ansatzes sind außerordentlich vielfältig und unterscheiden sich erheblich im gewählten Ansatz der Analysemethode voneinander. Dabei sind methodisch Komplexe Ansätze vertreten, wie beispielsweise wissensbasierte Analysemethoden oder probabilistische Methoden, aber auch pragmatische Herangehensweisen. Beispiele für diese Verfahrensklasse sind u.a. die Indexierungssysteme AIR/X oder TCS. (LUSTIG 1986; RAU et al. 1989; KNORZ 1994) sowie das automatische Verfahren der Zuteilung von Klassen eines Klassifikationssystems in GERHARD (WÄTJEN et al. 1998; KRÜGER 1999). Die eingesetzten Thesauri verursachen i.d.R. einen erheblichen für die Erstellung und Pflege des Vokabulars.

Andere Einteilungen als die hier getroffene sind denkbar und in der Fachliteratur auch getroffen worden (vgl. bspw. REIMER 1992; KNORZ 1997b). Da die meisten in Forschung und Praxis realisierten Indexierungssysteme Elemente mehrerer Verfahren zu einer sinnvollen Lösung kombinieren, ist eine objektive und allseits akzeptierte Systematisierung schwerlich möglich. So kann beispielsweise AIR/X – in unserer Systematik unter die begriffsorientierten Systeme gefasst – durchaus auch als ein statistischer Verfahrensansatz angesehen werden, da die Deskriptoren u.a. durch eine statistische Analyse gewonnen werden (REIMER 1992, S. 176). Andererseits wenden nahezu alle angesprochenen Verfahren des automatischen Indexierens mehr oder weniger umfassende informationslinguistische Ansätze für die Reduktion von Wortformen auf ihre Grund- oder Stammform an.

Eine in der Praxis gängige und sinnvolle Verfahrenskombination besteht aus informationslinguistischen Analysen und Bearbeitungen im Vorfeld einer daran anschließenden statistischen Indexierung mit Gewichtungen. Das Indexierungssystem AUTINDEX[10] (entwickelt am Institut der Gesellschaft zur Förderung der Angewandten Informationsforschung e.V. der Universität des Saarlandes (IAI)) verwendet ein morpho-syntaktisches Analyseverfahren sowie statistische Funktionen um anschließend ggf. die so ermittelten Terme mit dem Vokabular eines Thesaurus abzugleichen (HALLER et al. 2001; RIPPLINGER/SCHMIDT 2001; insbes. EHRMANN 2002).

Das nachfolgende Fallbeispiel stellt die Anwendung von AUTINDEX für den Informationsdienst Newscan vor.

---

**Fallbeispiel: Smart Information Systems**

Für Newscan der *Fa. Smart Information Systems* werden Nachrichten verschiedener Quellen linguistisch indexiert. Benutzer sehen, was die häufigsten Begriffe der Nachrichtensammlung sind.

Das Ergebnis einer Suche in Newscan wird in Tabellenform ausgegeben und nach Häufigkeit geordnet. Es besteht Möglichkeit einer dreidimensionalen Ausgabe der Ergebnismenge. Die dreidimensionale Sicht, die in einer VRML-Anwendung realisiert wird, beruht auf einer automatischen Gruppierung der Dokumente und ihrer Stichwörter, wie sie von der automatischen Deskribierung AUDESC des IAI erzeugt werden.

Mit einer Version von AUTINDEX werden jeder Nachricht Schlagwörter zugeordnet, die in folgende Rubriken eingeteilt werden:
1. Allgemeine Schlagwörter: Begriffe, die das Programm für wichtig erachtet.
2. Deskriptoren: Eine Untermenge, die als Deskriptoren, d.h. als besonders aussagekräftig markiert wurden.
3. Sparten: Angabe, um welchen Handelszweig oder Tätigkeitsbereich es sich handelt, z.B. Verlage, Luftfahrt, Sport (mit Untergliederungen) usw.
4. Facetten: Eine grobe Charakterisierung, ob es z.B. um Politik geht, um Geschichte, um Wirtschaft usw.

---

10  Informationen und eine Demonstration stehen im Internet zur Verfügung unter http://www.iai.uni-sb.de/iaide/de/prod_autindex.htm.

5. Länder: Länder, über die berichtet wird.

6. Persönlichkeiten: Eine Liste genannter Personen.

7. Unbekannte Wörter

Nacheinander werden die Nachrichten an die morphologische Analyse geschickt, die jedem Wort sprachliche Informationen zuordnet, z.B. die Wortart und eine Charakterisierung der Bedeutung (semantische Merkmale). Hierbei wird auch versucht, Familiennamen zu erkennen, z.B. durch Titel und Vornamen. Zur folgenden Verschlagwortung wird ein Thesaurus verwendet, der weitere Informationen zu ca. 12.000 Stichwörtern enthält. Jedes Stichwort kann mit folgenden Informationen verbunden sein:

1. Stichwort ist unwichtig (z.B. Ball, Band, Beginn)

2. Stichwort ist ein Deskriptor, also wichtig (z.B. Behinderte, Beirat, Benzinpreis, Berufsausbildung)

3. Stichwort verweist auf einen Deskriptor, der stattdessen genommen werden soll (statt 'Bildungstheorie' nimm 'Pädagogik').

4. Stichwort (meist Stadt, Fluss, Gegend) verweist auf ein Land, z.B. 'Blieskastel' gehört zu 'Saarland'.

5. Stichwort zeigt auf ein Tätigkeitsgebiet, z.B. 'Boxweltmeister' zeigt auf 'Kampfsport'.

6. Stichwort zeigt auf eine Facette, z.B. 'Clinton' auf 'Politik', 'Dividende' auf 'Ergebnisse'.

Die Verschlagwortung geschieht dadurch, dass eine Statistik über die semantischen Merkmale erstellt und diese mit Informationen aus dem Thesaurus verknüpft wird. Daraus ergibt sich ein Maß für die Wichtigkeit jedes einzelnen Wortes innerhalb einer Nachricht. Diese Wörter werden schließlich ihrem Gewicht nach geordnet. Wenn ihre Anzahl zu groß wird, fallen die unwichtigsten Wörter automatisch weg.

(Quelle: Webseite des IAI)

Im folgenden Abschnitt werden die einzelnen Verfahren der automatischen Indexierung eingehender betrachtet sowie einige Indexierungssysteme beispielhaft beschrieben. Die in diesem Abschnitt eingeführte Systematisierung der Verfahren dient dabei als Gliederung. Auf einen Vergleich der verschiedenen Indexierungsverfahren oder gar von Indexierungssystemen wird verzichtet, da ihnen zu unterschiedliche Grundannahmen inne wohnen.

# 3. Verfahren der automatischen Indexierung

---

**Lernziele**

Nach der Bearbeitung dieses Kapitels sollten Sie

- die Ansätze, Arbeitsweisen und die Probleme der verschiedenen Verfahrensklassen der automatischen Indexierung beschreiben können,
- statistische und informationslinguistische Grundlagen der Indexierung kennen,
- Voraussetzungen für die Anwendbarkeit einzelner Verfahren nennen können,
- Vor- und Nachteile der einzelnen Verfahrensansätze beschreiben können,
- Ein mögliches Zusammenspiel einzelner Verfahren in konkreten Anwendungsfällen erkennen,
- eine Beurteilung der Anwendbarkeit eines bestimmten Verfahrens für Anwendungsfälle abschätzen können und
- Beispielsysteme für jede einzelne Verfahrensklasse kennen.

---

## 3.1 Statistische Verfahren

Die „Initialzündung" statistischer Indexierungsansätze – der Beschäftigung mit automatischer Indexierung überhaupt – geht aus von den Arbeiten H.P. LUHN'S, der in seinem berühmten Aufsatz *The Automatic Creation of Literature Abstracts* (1958) die folgende Prämisse formulierte:

> It is here proposed that the frequency of word occurrence in an article furnishes a useful measurement of word significance.

LUHN ging es zunächst um einen Ansatz für automatisch generierte Abstracts, wenn er anschließend über die ermittelten Worthäufigkeiten auf die Signifikanz von Sätzen abhebt. Seine Grundannahme, die Signifikanz von Wörtern für die Bedeutung eines Textes auf statistischem Wege ermitteln zu können, wurde in der Folgezeit jedoch in der Hauptsache als eine Ausgangsthese für eine Indexierung gewählt. Für die statistischen Verfahren der Indexierung ist sie es bis heute geblieben.

LUHN'S Arbeiten voraus ging die Erkenntnis, dass Sprachen (sowohl die gesprochene als auch die geschriebene) unabhängig von Sprecher, Autor oder Thema gewissen statistischen Gesetzmäßigkeiten folgen. Eine der in diesem Zusammenhang wichtigsten Erkenntnisse geht auf den amerikanischen Philologen G.K. ZIPF zurück, der als einer der ersten Forscher statistische Gesetzmäßigkeiten der Sprache studierte und nachweisen konnte (CRYSTAL 1995). In dem nach ihm benannten *Zipfschen Gesetz* konnte er eine konstante (C) Beziehung zwischen dem Rang (r) eines Wortes in einer Häufigkeitsliste und der Frequenz (f), mit der dieses Wort in einem Text vorkommt nachweisen:

$$r \times f = C$$

Dieses statistische Muster konnte in vielen Sprachen festgestellt werden. Damit war ein statistischer Ansatz auch für die Indexierung von Texten interessant geworden.

Die statistischen Indexierungsansätze gehen – im Unterschied zu einer einfachen Invertierung aller Terme eines Textes (der Volltextinvertierung) – von den folgenden zwei Grundpositionen aus:

a)  Nicht alle Terme eines Dokuments sind als Indexterme geeignet – es muss daher eine geeignete Auswahl getroffen werden.

b)  Nicht alle ausgewählten Indexterme besitzen hinsichtlich der inhaltlichen Bedeutung die gleiche Wertigkeit – es muss daher eine Gewichtung der Indexterme vorgenommen werden.

Diese Differenzierungen zwischen einzelnen Termen werden anhand von statistischen Häufigkeiten ihres Auftretens ermittelt (den Termfrequenzen). Statistische Indexierungsverfahren sind Oberflächenverfahren, d.h. sie versuchen nicht die tiefer liegende Bedeutung eines Wortes zu ermitteln oder gar zu „verstehen". Statistische Maßzahlen werden als semantische Indikatoren verwendet. D.h., statistische Maßzahlen der Frequenz des Auftretens eines Terms innerhalb eines Dokumentes bzw. in einer Dokumentensammlung werden als Anhaltspunkt für eine geringere oder höhere Bedeutung hinsichtlich des Inhalts angesehen. Hier wird also mit rein statistischen Mitteln der Versuch unternommen, die folgende Frage zu beantworten: „Wann ist ein Term ein guter Indexterm?"

Die Termfrequenz (TF) im Dokument lässt sich mit der folgenden Formel berechnen:

$$TF_{td} = \frac{FREQ_{td}}{GESAMT_{td}}$$

| | |
|---|---|
| $FREQ_{td}$ = | Frequenz eines Terms im Dokument |
| $GESAMT_{td}$ = | Gesamtzahl der Terme im Dokument |

Die Anwendung der Formel soll an einem Beispiel demonstriert werden. Dazu wird eine Agenturmeldung von Reuters herangezogen[11]. Wir betrachten dazu den Term „Marktplatz", er tritt im Beispieldokument insgesamt 4mal auf. Das Gesamtdokument enthält 87 Terme (Die Sonderzeichen wurden als Leerzeichen gewertet.).

$$TF_{td} = \frac{4}{87} = 0{,}05$$

Um die Spannbreite der ermittelten Gewichte kleiner und damit besser interpretierbar zu halten, wird häufig auch mit logarithmischen Werten gerechnet (nach STOCK 2000, S. 161):

$$TF_{td} = \frac{(ld\,[FREQ_{td} + 1])}{ld\,GESAMT_{td}}$$

> ld = logarithmus dualis
> (Logarithmus auf der
> Basis 2)

**Definition *Termfrequenzansatz:*** REIMER (1992, S. 175) beschreibt den Termfrequenzansatz hinsichtlich der ermittelten Aussage wie folgt:

> Nach diesem Ansatz ist ein Indexterm also je aussagefähiger für den Inhalt eines Dokuments, je häufiger er in einem Dokument auftritt und je seltener er überhaupt vorkommt.

Aus diesem Grunde gilt es neben der bereits ermittelten Termfrequenz im Dokument auch die Frequenz eines Terms in der gesamten Dokumentkollektion zu berechnen:

$$TF_{tk} = \frac{FREQ_{tk}}{GESAMT_{tk}}$$

> $FREQ_{tk}$ = Frequenz eines Terms i.d. Kollektion
>
> $GESAMT_{tk}$ = Gesamtzahl der Terme i.d. Kollektion

Unser Beispiel: Wir nehmen an, der Term „Marktplatz" tritt in der gesamten Dokumentenmenge 350mal auf und die Gesamtzahl der Terme in der Kollektion beträgt 100.000.

---

11   Die Beispieltexte I und II, auf die in diesem Buch Bezug genommen wird, sind im Anhang abgedruckt.

45

$$TF_{tk} = \frac{35}{100.00} = 0,0035$$

Die Signifikanz (S) eines Terms kann nun u.a. wie folgt ermittelt werden:

$$S = TF_{td} - TF_{tk}$$

$$S = 0,05 - 0,0035 = 0,0465$$

Dem hier beschriebenen Termfrequenzansatz liegen also die folgenden zwei grundsätzlichen Annahmen zugrunde:

1. Häufig auftretende Wörter haben hinsichtlich der Bedeutung *eines Dokuments* eine höhere Signifikanz als jene Wörter mit einem geringen Vorkommen und sind aus dieser Sichtweise bessere Indexterme.

2. Seltener auftretende Wörter haben innerhalb einer *Dokumentenkollektion* einen höheren Diskriminanzeffekt als häufig vorkommende Wörter und sind damit aus dieser Sichtweise bessere Indexterme.

Die Berücksichtigung beider Annahmen spiegelt den ganzheitlichen Ansatz des Information Retrieval wieder, der sich als ein Verfahren von Indexierung und Wiedergewinnung versteht. Während die erste Annahme primär den Aspekt der Indexierung von Dokumenten berücksichtigt, zielt die zweite Annahme durch die Einbringung des Diskriminanzeffekts auf eine Unterscheidbarkeit von Dokumenten im eigentlichen Retrievalvorgang.

SPARCK JONES nimmt an, dass die Bedeutsamkeit eines Terms proportional zur Häufigkeit des Terms im Dokument i ist (analog zum Modell von Luhn), aber umgekehrt proportional zur Gesamtanzahl der Dokumente, in denen dieser Term vorkommt (SPARCK JONES 1972). Um in der Praxis der Indexierung beide Faktoren in ein entsprechendes zu setzen, wird meist die *inverse Dokumenthäufigkeit (IDF)* herangezogen (SALTON 1989). Dabei wird die Frequenz eines Terms (t) in einem Dokument (d) ermittelt (s.o.) und in Beziehung gesetzt zu der Anzahl der Dokumente in denen (t) auftritt:

$$IDF(t) = \frac{FREQ_{td}}{DOKFREQ_t}$$

Auch an dieser Stelle soll wieder ein einfaches Rechenbeispiel zur Verdeutlichung der angegebenen Formel gegeben werden: Im vorliegenden Beispieldokument tritt der Term „Marktplatz" insgesamt 4mal auf. Nehmen wir an, in einer insgesamt 1.000 Dokumente umfassenden Kollektion enthalten 50 Dokumente den fraglichen Term „Marktplatz". Die auszuführende Berechnung hätte damit folgendes Aussehen:

$$IDF(t) = \frac{4}{5} = 0{,}08$$

Um die Spannweite der ermittelten Gewichtungswerte nicht zu groß werden zu lassen, kann bei der Berechnung der inversen Dokumenthäufigkeit mit logarithmischen Werten gearbeitet werden. So bspw. in der Formel von SPARCK JONES (1972), in der N für die Gesamtzahl der Datensätze steht und n für die Anzahl der Datensätze, in denen t auftritt:

$$IDF(t) = (\log_2 N / n) + 1$$

„Gute Indexterme" (im Sinne entscheidungsstarker Indexterme) weisen eine hohe Frequenz bei einer gleichzeitig niedrigen Dokumentfrequenz auf, d.h. sie kommen relativ häufig in einzelnen Dokumenten vor, zugleich jedoch nur in wenigen Dokumenten der gesamten Dokumentkollektion. Je höher der Wert für die inverse Dokumenthäufigkeit ist, desto entscheidungsstärker ist ein Indexterm. Die Entscheidungsstärke beschreibt die Fähigkeit eines Indexterms, im Retrievalprozess relevante Dokumente aus einer Kollektion zu selektieren und zugleich irrelevante Dokumente zurückzuweisen. Entscheidungsstärkste Deskriptoren sind – wie die folgende Abbildung 3-1 illustriert (vgl. auch NOHR 2004) – die Terme in einem mittleren Frequenzbereich (B). Die hoch- (A) und niedrigfrequenten (C) Terme erfüllen das Kriterium der Entscheidungsstärke nicht, sie werden über die zu definierenden Schwellenwerte (D) und (E) ausgeschlossen. Niedrigfrequente Terme gelten als für den Inhalt eines Dokuments zu wenig signifikant. Hochfrequente Terme sind i. allgm. Artikel, Pronomen oder Adverbien, die für die Syntax eines Textes von hoher Bedeutung sind, jedoch allein für sich kaum Bedeutung tragen. Hochfrequente Terme können innerhalb eines Faches auch typische Wörter sein, die in den meisten Dokumenten dieses Faches auftreten und aus diesem Grunde wenig entscheidungsstark sind (wie beispielsweise „Computer" in der Informatik). Die Ermittlung geeigneter Schwellenwerte ist damit eine der wichtigsten Aufgaben bei der Anwendung statistischer Verfahren.

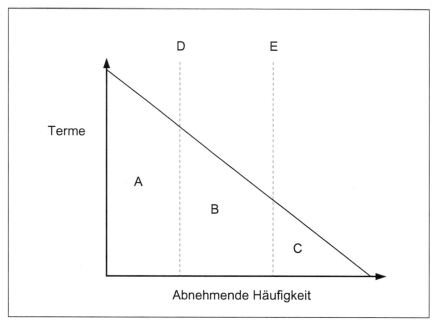

**Abbildung 3-1:** Termhäufigkeitsverteilung

Diese Berechnungsmethode wurde im Laufe der Zeit vielfältig modifiziert bzw. verfeinert, besteht im Kern jedoch bis heute fort (SALTON/MCGILL 1987). In der Fachliteratur werden diverse Varianten der Berechnung behandelt. Als mögliche Verfeinerung dieses Ansatzes können die in die Berechnung eingehenden Terme bereits einer Gewichtung unterzogen werden, bspw. indem ihr Vorkommensort im Dokument berücksichtigt wird. So können bspw. Terme aus dem Titel oder aus Kapitelüberschriften höher gewichtet werden als Terme aus dem Textkörper. Entsprechende Textabschnitte müssen dafür durch Auszeichnung identifizierbar gemacht werden. Solcherart Eingangsstufungen nehmen in der Praxis auch einige Suchmaschinen des Internet vor.

Ein entscheidender Faktor für alle angedeuteten Gewichtungsfunktionen ist die Definition der Terme. Was gilt jeweils als Term? Bspw. können die verschiedenen Formen eines Wortes als *verschiedene* Terme aber auch als *ein* Term angesehen werden. Daher ist zunächst zu klären, ob bspw. *Monopol, Monopols, Monopole, Monopolisierung* usf. für die Berechnung von Termfrequenzen zu *einem* Term zusammenzuführen sind und wie entsprechende Bestandteile eines Kompositums (Angebots*monopol*, Nachfrage*monopol*, *Monopol*kapitalismus usf.) behandelt werden sollen. Achtung ist geboten vor möglicherweise falschen Zusammenführungen (Wie soll „Monopoly" behandelt werden?). Hier ist bereits eine notwendige Verbindung statistischer Verfahren zu den in diesem Lehrbuch später behandelten informationslinguistischen Verfahren angedeutet. Als Terme werden in diesen Berechnungsverfahren meist die Grundformen des Wortes angesehen, d.h. vor einer statistischen Berechnung müssen die auftretenden Formen eines Wortes auf ihre jeweilige Grundform zurückgeführt werden. Im o.a. Beispiel würde also auch die Wortform „Marktplätze" in die Berechnung der Grundform „Marktplatz" eingehen. Damit kommen auch bei den primär statistischen Verfahren informationslinguistische Ansätze zur Geltung (vgl. Abschnitt 3.2), da sie ggf. zu besseren Resultaten beitragen können.

Die Verwendung der Termgewichtung als Verfahren bei der Indexierung hat eine ebensolche Gewichtung im Retrievalprozess mit einem anschließenden Relevance Ranking der ausgegebenen Ergebnisdokumente nahezu zwangsläufig zur Folge.

Als notwendig gegebene Voraussetzungen für eine Erfolg versprechende Anwendung des statistischen Verfahrensansatzes müssen einige Rahmenbedingungen erfüllt sein:

a) mindestens Referate
   D.h., es wird eine für ein statistisches Analyseverfahren ausreichende Textbasis für jedes Dokument benötigt, die durch Volltexte oder Referate (Zusammenfassungen) gegeben sein kann. Die Dokumententitel allein reichen nicht aus. Inhaltsorientierte Referate führen einigen Studien zufolge zu besseren Ergebnissen als die kompletten Texte.

b) ein homogener Diskursbereich
   D.h. ein Themenbereich, in dem auftretende Terme ein grundsätzlich ähnliches Gewicht für den fachlichen Diskurs besitzen. Bei einer Anwendung in sich thematisch überschneidenden Diskursbereichen bieten die Ergebnisse statistischer Verfahren tendenziell keinen Mehrwert. Zudem steigt die Gefahr mehrdeutiger Wörter (Homographen) deutlich an.

c) eine große Dokumentensammlung
   Kleine Dokumentkollektionen bieten keine hinreichende Basis für eine statistische Auswertung und führen aus diesem Grunde zu nicht-praktikablen Ergebnissen.

Rein statistische Verfahren weisen ohne Zweifel einige Probleme auf. So erkennen diese Verfahren keine Homographen („Bank" / „Bank") und können folglich auch keine Unterscheidung hinsichtlich der verschiedenen Bedeutungen vornehmen. Problematischer erscheint noch die Nichtbehandlung von Mehrwortbegriffen. „Total Quality Management", „Kosten- und Leistungsrechnung" oder – aus dem Beispieldokument I – „elektronischer Marktplatz" werden nicht als eine begriffliche Einheit erkannt. Sie werden in ihre Einzelworte aufgelöst und separat behandelt. Dabei würde für „Kosten-„ auch nicht die notwendige Wortbindestricherergänzung zu „Kostenrechnung" durchgeführt. Die Komposita bilden einen weiteren Problembereich. „Qualitätsinformationssystem" kann durch rein statistisch operierende Verfahren nicht zusätzlich unter „Qualität" und „Informationssystem" indexiert werden, wie dies sicher sinnvoll wäre. Eine Abhilfe können hier die unter Abschnitt 3.2 behandelten informationslinguistischen Verfahren schaffen, insbesondere wenn sie einer statistischen Analyse als Bearbeitungsschritt vorgeschaltet werden.

In kommerziellen Dokumenten-Management- oder Information Retrieval-Systemen (IRS) sind die statistischen Verfahren mittlerweile sehr weit verbreitet. Das wohl prominenteste Beispiel ist die Implementierung in der ORACLE-Datenbankwelt[12]. Außerdem wenden viele Suchmaschinen im Internet (wie beispielsweise Lycos oder Excite) ausgewählte statistische Methoden an. Neben diesen Anwendungen existieren eine ganze Reihe weiterführender und experimenteller Retrieval-Systeme, wie beispielsweise SMART von der Cornell University, das System INQUERY[13] vom Center for Intelligent Information Retrieval (CIIR) der University of Massachusetts (BROGLIO et al. 1994) oder Okapi, das am Department of Information Science at City University London entwickelt wurde (WALKER et al. 1998). Zwischen den in der Forschung der Informationswissenschaft und der Informatik bereits erzielten Ergebnissen und den praktischen Realisierungen gibt es derzeit allerdings noch immer eine beträchtliche Realisierungslücke.

### 3.1.1 Beispiel einer einfachen statistischen Indexierung

Für ein besseres Verständnis der bislang in diesem Kapitel aus eher theoretischer Sicht dargestellten statistisch operierenden Indexierungsverfahren, soll nun anschließend an einem einfachen Beispiel der Verfahrensablauf einer solchen Indexierung anhand einiger ausgewählter Beispieldokumente näher besprochen werden (nach DÄßLER/PALM 1998).

Gegeben sei eine beispielhafte Dokumentkollektion, in der die unten angegebenen fünf Texte enthalten sind. Dabei könnte es sich um die Meldungen einer Nachrichtenagentur handeln:

---

12　Da viele Informationssysteme auf der ORACLE-Datenbanktechnik basieren, stehen grundsätzlich auch diesen Systemen die Möglichkeiten der automatischen Indexierung zur Verfügung. Ein System speziell für die Indexierung, Kategorisierung und Recherche ist ORACLE Text.

13　Einige INQUERY Search Demonstrations werden im Internet unter der folgenden URL angeboten: http://ciir.cs.umass.edu/demonstrations/index.html. Vgl. auch die Abbildung 6-3 in diesem Buch, die der Demonstartions-Anwendung „CIIR – Search on CIIR Web Sites" entnommen wurde.

---

**Text 1:**

Computer werden im Information Retrieval eingesetzt. Es existieren Verfahren auf Computern für ein automatisches Retrieval. Moderne Computer ermöglichen ein effizientes Retrieval nach spezifischer Information.

**Text 2:**

Nutzer von Systemen zum Information Retrieval wurden befragt. Viele Nutzer waren mit der Funktionalität des Retrieval zufrieden. Die vorhandenen Systeme zum Information Retrieval genügen den Anforderungen der Nutzer. Es existieren eine Reihe von Systemen auf Computern.

**Text 3:**

Die Entwicklung neuer Systeme für das Information Retrieval wird von vielen Nutzern begrüßt. Die Entwicklung zielt auf neue Methoden des Retrievals mit Computern ab. Systeme zum effizienten Retrieval nach Information befinden sich derzeit in der Entwicklung.

**Text 4:**

Das Information Retrieval wird in Datenbanken durchgeführt. Verschiedene Datenbanken haben eine Oberfläche für den Nutzer, die ein zielgerichtetes Retrieval in Informationsräumen ermöglicht. Verschiedene Systeme für ein Retrieval in Datenbanken stehen derzeit dem Nutzer zur Verfügung.

**Text 5:**

Die Entwicklung von Systemen zum Retrieval in Informationsräumen ist für viele Nutzer von Datenbanken interessant. In Informationsräumen kann man navigieren und somit das Information Retrieval unterstützen. Der Informationsraum wird dreidimensional auf Computern visualisiert.

---

### *Schritt 1:*

Zunächst gilt es in einem ersten Verfahrensschritt einige notwendige Vorbedingungen für die Auswahl der anschließend weiterzuverarbeitenden Textterme zu definieren:

Über eine Stoppwortliste werden die folgenden Terme aus der weiteren Bearbeitung ausgeschlossen, da ihnen im vorliegenden Kontext keine Aussagefähigkeit zugesprochen wird:

> Verfahren, Anforderung, Reihe, Methode, Verfügung,
> Funktionalität, Oberfläche

Der weiteren Bearbeitung der Terme liegen die folgenden informationslinguistischen Auswahl- und Bearbeitungsregeln zugrunde. Mit den hier festgelegten

Regeln wird die Entwicklung und Pflege einer umfangreicheren Stoppwortliste überflüssig und damit ein manueller Arbeitsgang eingespart (Mögliche Nachteile, z.B. der Verzicht auf die Indexierung wichtiger Adjektive und Adjektiv-Substantiv-Verbindungen, werden in Kauf genommen.):

a) es werden nur Substantive extrahiert,

b) die extrahierten Wörter werden informationslinguistisch bearbeitet und so reduziert auf Nominativ und Singular.

***Schritt 2:***

In einem zweiten Bearbeitungsschritt erfolgt die Bestimmung der Termfrequenz (FREQ) und der Dokumentfrequenz (DOKFREQ) zur Vorbereitung der folgenden Berechnung nach dem oben beschriebenen Ansatz der inversen Dokumenthäufigkeit. FREQ addiert die Frequenz eines Terms innerhalb eines Dokuments. DOKFREQ addiert die Anzahl der Dokumente aus der gesamten Dokumentkollektion, in der dieser Term auftritt. Die folgende Tabelle 3-1 zeigt das Ergebnis.

| Indexterm | FREQ1 | FREQ2 | FREQ3 | FREQ4 | FREQ5 | DOKFREQ |
|-----------|-------|-------|-------|-------|-------|---------|
| Computer | 3 | 1 | 1 | - | 1 | 4 |
| Information | 2 | 2 | 2 | 1 | 1 | 5 |
| Retrieval | 3 | 3 | 3 | 3 | 2 | 5 |
| Nutzer | - | 3 | 1 | 2 | 1 | 4 |
| System | - | 3 | 2 | 1 | 1 | 4 |
| Entwicklung | - | - | 3 | - | 1 | 2 |
| Datenbank | - | - | - | 3 | 1 | 2 |
| Informationsraum | - | - | - | 1 | 3 | 2 |

**Tabelle 3-1:** Term- und Dokumenthäufigkeit

***Schritt 3:***

Es folgt in einem nächsten Arbeitsschritt die Berechnung der Termgewichtung für jeden einzelnen Indexterm mit dem oben bereits ausführlicher beschriebenen Ansatz der inversen Dokumenthäufigkeit (IDF):

$$IDF(t) = FREQ_{dt} / DOKFREQ_t$$

Als ein Beispiel für die Anwendung der vorgestellten Formel zur inversen Dokumenthäufigkeit sei hier die Berechnung für den Term „Retrieval" im Dokument 4 ausgeführt, er taucht dort 3mal auf und kommt insgesamt in fünf Dokumenten der Kollektion vor:

$$3 / 5 = 0.6$$

Mit dieser Berechnungsmethode der inversen Dokumenthäufigkeit wird eine Termgewichtung ermittelt, die eine Relation herstellt aus der Häufigkeit eines Terms $t$ im Dokument $d$ ($FREQ_{dt}$) und umgekehrt proportional der Gesamtzahl der Dokumente ($DOKFREQ_t$) einer Dokumentkollektion, in denen der betreffende Term auftritt. Diese Berechnung führt zu dem in der folgenden Tabelle 3-2 dargestellten Ergebnis:

| Indexterm | Text1 | Text2 | Text3 | Text4 | Text5 |
|---|---|---|---|---|---|
| Computer | 0.75 | 0.25 | 0.25 | 0 | 0.25 |
| Information | 0.4 | 0.4 | 0.4 | 0.2 | 0.2 |
| Retrieval | 0.6 | 0.6 | 0.6 | 0.6 | 0.4 |
| Nutzer | 0 | 0.75 | 0.25 | 0.5 | 0.25 |
| System | 0 | 0.75 | 0.5 | 0.25 | 0.25 |
| Entwicklung | 0 | 0 | 1.5 | 0 | 0.5 |
| Datenbank | 0 | 0 | 0 | 1.5 | 0.5 |
| Informations-raum | 0 | 0 | 0 | 0.5 | 1.5 |

**Tabelle 3-2:** Termgewichtung

***Schritt 4:***

Für die Bestimmung „guter Indexterme" kann nun ein unterer Schwellenwert eingeführt werden, der ein weiteres Steuerungsinstrument der Auswahl von geeigneten Termen darstellt, indem er niedrigfrequente Terme aus der weiteren Bearbeitung ausschließt. In unserem Beispiel wird ein Schwellenwert von 0.5 festgelegt. Ein oberer Schwellenwert braucht hier nicht definiert zu werden, da hochfrequente Wörter bereits im ersten Schritt über eine Stoppwortliste ausgeschlossen wurden. Der Vorgang der Erstellung einer Stoppwortliste ist allerdings aufwändiger als die Festlegung von geeigneten Schwellenwerten. Insbesondere in mehrsprachigen Anwendungen können Stoppwortlisten zudem zu Fehlern in der Ausgrenzung führen (z.B. it – IT).

Auf der Grundlage der ermittelten Termgewichtungen und unter Berücksichtigung des definierten Schwellenwertes kann nun ein invertierter Index erstellt werden:

| Indexterm | Texte | | | |
|---|---|---|---|---|
| Computer | Text 1 | | | |
| Retrieval | Text 1 | Text 2 | Text 3 | Text 4 |
| Nutzer | | Text 2 | | Text 4 |
| System | | Text 2 | Text 3 | |
| Entwicklung | | | Text 3 | Text 5 |
| Datenbank | | | Text 4 | Text 5 |
| Informations-raum | | | Text 4 | Text 5 |

**Tabelle 3-3:** Invertierter Index

Das Ergebnis dieses Verfahrensschritts – wie in der Tabelle 3-3 ersichtlich – kann als eine automatische Indexierung der Texte für ein Retrieval-System bereits verwendet werden. D.h. die automatische Indexierung ist an dieser Stelle zu einem ersten verwertbaren Resultat gelangt und wird vielfach an dieser Stelle abgeschlossen. Der erzeugte invertierte Index wirkt als Zugangsinstrument zu den Dokumenten.

***Schritt 5:***

Ein weiterführendes Modell zu einer automatischen Klassifizierung entsteht, wenn auf Basis der bereits ermittelten Termfrequenzen (in der Tabelle 3-2) Dokumentähnlichkeiten berechnet werden. Auf diese Weise wird ein so genanntes *Vektorraummodell* aufgebaut. Das Vektorraummodell wurde bereits in den 60er Jahren von GERARD SALTON entwickelt und zunächst im experimentellen Retrieval-System SMART implementiert (SALTON 1989; SALTON/MCGILL 1987). Heute ist es die am häufigsten eingesetzte Methode des Information Retrieval und in zahlreichen IR-Systemen im Einsatz (FUHR 1997), so z.B. in FULCRUM und im INFORMIX-Universal Server.

Ein automatisches Verfahren könnte auch ohne die früher errechneten Termgewichte aus der Tabelle 3-2 an dieser Stelle einsetzen und stattdessen einfache Binärvektoren verwenden. Dabei erzeugt ein auftretender Term eine Eins, anderenfalls eine Null. Der Vektor unseres obigen Beispieltextes vier hätte demnach das folgende Aussehen:

0,1,1,1,1,0,1,1

D **Definition *Vektorraummodell:*** In Vektorraummodellen werden Dokumente und Anfragen als Vektoren im n-dimensionalen Raum repräsentiert. Jede Dimension stellt dabei eine Eigenschaft der Dokumente dar. Eine einfache Eigenschaft ist das Vorkommen eines bestimmten Terms.

In einem Vektorraummodell wird der Dokumentenraum durch n Indexterme aufgespannt, wie dies in der Abbildung 3-2 auf dieser Seite dargestellt wird. In diesem Fall erzeugen drei Indexterme einen dreidimensionalen Raum. Vektorräume sind vieldimensionale Räume in denen jedes Dokument aufgrund der gewichteten (bzw. der binären) Indexierung als Dokumentvektor repräsentiert wird. Jedes Dokument wird dabei als Punkt in einem Vektorraum dargestellt. Die Suchfragen an ein vektorraumbasiertes Information Retrieval-System werden analog der Dokumente behandelt und ebenfalls durch einen Vektor im Raum repräsentiert. Zwischen Dokumentvektoren und den Anfragevektoren kann somit ein Ähnlichkeitsabgleich vorgenommen werden, wobei eine größere Nähe einer größeren Ähnlichkeit entspricht (vgl. FERBER 2003; VOß/GUTENSCHWAGER 2001; TEUBER 1996; SALTON/MCGILL 1987 u.a. am Beispiel des experimentellen IR-Systems SMART). Auf diese Weise können relevantere und weniger relevante Dokumente hinsichtlich einer Suchanfrage in einem stufenlosen Ranking (zum Ranking-Verfahren im Information Retrieval vgl. ausführlicher Kapitel 6) ermittelt werden. Die Betrachtung von Indexierung und Retrieval als ein aufeinander abgestimmter Prozess, wird im Vektorraummodell in besonderer Weise deutlich.

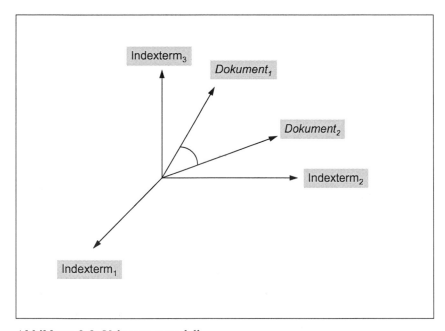

**Abbildung 3-2:** Vektorraummodell

Eine paarweise Dokument-Dokument-Ähnlichkeit kann u.a. auch über das Skalarprodukt berechnet werden. D.h. die Termgewichtungen (siehe Tabelle 3-2) werden jeweils paarweise miteinander multipliziert und aufsummiert. Dieser Berechnung der Ähnlichkeit der Indexterme zweier Dokumente $D_i$ und $D_j$ liegt folgende Formel zugrunde:

$$\text{Ähn}(D_i, D_j) = 1/n \sum_{k=1}^{n} g_{ik}\, g_{jk}$$

| | |
|---|---|
| $n =$ | Anzahl der Indexterme |
| $g_{ik} =$ | Gewicht des Indexterms k im Dokument $D_i$ |

Das Resultat dieser Berechnung, für die Texte zusammengefasst, ergibt diese Matrix:

| | Text 1 | Text 2 | Text 3 | Text 4 | Text5 |
|---|---|---|---|---|---|
| Text 1 | - | 0.71 | 0.71 | 0.44 | 0.51 |
| Text 2 | 0.71 | - | 1.15 | 1.01 | 0.76 |
| Text 3 | 0.71 | 1.15 | - | 0.68 | 1.31 |
| Text 4 | 0.44 | 1.01 | 0.68 | - | 1.96 |
| Text 5 | 0.51 | 0.76 | 1.31 | 1.96 | - |

**Tabelle 3-4:** Dokument-Dokument-Ähnlichkeitsmatrix

Die Ergebnisse dieses Verfahrens können folgendermaßen interpretiert werden (RIGGERT 1998, S. 69):

- Niedrigfrequente Terme verringern die Ähnlichkeit zwischen den Dokumenten, da sie seltener auftreten.

- Hochfrequente Terme steigern die Ähnlichkeit, da sie in vielen Dokumenten auftreten.

- Terme mittlerer Frequenz gliedern eine Kollektion tendenziell in inhaltlich verwandte Cluster.

Eine sorgfältige Wahl der geeigneten Schwellenwerte spielt bei diesen Verfahren eine ganz zentrale Rolle.

Neben dem Skalarprodukt können eine Reihe weiterer Ähnlichkeitsmaße zur Anwendung kommen, beispielsweise das Cosinus-Maß, der Dice-Koeffizient oder der Jaccard-Koeffizient (Beschreibungen dieser Ähnlichkeitsmaße sind u.a. bei SALTON/MCGILL 1987; GEBHARDT 1981, S. 165 ff oder FUHR 1997 nachzulesen).

Das Vektorraummodell erlaubt nun mittels eines automatischen Clusterverfahrens[14] eine automatische Klassifizierung der Dokumente. Clusteranalytische Verfahren werden eingesetzt, um hochkomplexe Strukturen (Klassen, Hierarchien von Clustern) in hochdimensionalen Räumen aufzufinden, wenn diese mit einem Distanzmaß ausgestattet werden können. Dem Verfahren liegt die Annahme zugrunde, dass eine Struktur von Klassen innerhalb dieses Merkmalsraumes existiert.

**Definition *Cluster:*** Cluster sind Mengen ähnlicher Dokumente, die bereits bei der Anlegung der Kollektion ermittelt und gemeinsam gespeichert werden. Dabei wird angenommen, dass die Ähnlichkeit zwischen Dokumenten über die Relevanz von Dokumenten bezüglich einer gestellten Suchanfrage entscheidet (TEUBER 1996). Die Ähnlichkeit zwischen Dokumenten wird aufgrund von gegebenen Merkmalen berechnet. Als Merkmale werden auch in diesem Falle typischerweise die Textterme herangezogen (vgl. auch Kapitel 5).

Aus der Ähnlichkeitsmatrix können Cluster durch eine Reihe verschiedener Algorithmen berechnet werden. Ein einfacher Cluster-Algorithmus sähe bspw. folgendermaßen aus:

1. Zunächst wird ein geeigneter Schwellenwert für die Festlegung der Ähnlichkeit ausgewählt.

2. Anschließend erfolgt eine Clusterbildung durch Dokumente, die den Schwellenwert unterschreiten.

3. Alle Dokumentenpaare, deren Ähnlichkeit den eingangs festgelegten Schwellenwert überschreiten, werden durch eine Kante verbunden.

4. Die maximal zusammenhängenden Komponenten des Ähnlichkeitsgraphen bilden die gesuchten Cluster.

5. Abschließend erfolgt die Bestimmung eines Zentroiden als Repräsentanten des Clusters.

Dokumentrecherchen sowie die Einordnung neuer Dokumente geschehen über einen Vergleich mit den Clusterzentroiden. Im Falle der Hinzufügung neuer Dokumente muss der Clusterzentroid jeweils neu berechnet werden.

Wird im Beispiel aus der Tabelle 3-4 ein Schwellenwert von 1.00 zugrunde gelegt, lässt sich eine clustergraphische Darstellung ableiten:

---

14 Eine ausführliche Beschreibung des Clusterverfahrens für die Dokumentklassifikation gibt SALTON (1978).

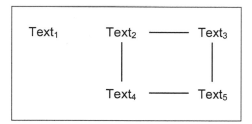

**Abbildung 3-3:** Clustergraphische Darstellung

Clusterverfahren werden in modernen Dokumenten-Managementsystemen für die automatische Klassifikation von Dokumenten verwendet. Auf diese Weise lassen sich ähnliche Dokumente bzw. Dokumente ähnlichen Inhalts in Klassen bzw. Kategorien zusammenfassen.

## 3.2 Informationslinguistische Verfahren

Einen im Vergleich zu den statistischen Verfahren grundsätzlich anderen Ansatz verfolgen die informationslinguistischen Indexierungsverfahren. Zunächst sind auch sie grundsätzlich Extraktionsverfahren. Allerdings geht dieser Ansatz insofern einen qualitativen Schritt weiter, als er auf die Bearbeitung der zu extrahierenden Terme setzt.

Die folgenden Ausführungen haben über den Auftrag der Indexierung hinaus auch Bedeutung für das Retrieval. Ob ein informationslinguistischer Algorithmus das Suchwort des Nutzers zu allen Wortformen expandiert oder ob die Wortformen des Dokuments bei der Indexierung auf Grundformen reduziert werden, bleibt bei der Anwendung des Systems ohne Auswirkung (KRAUSE 1996; NOHR 2000).

Die oben beschriebenen statistischen Indexierungsverfahren berücksichtigen, sofern sie allein Anwendung finden, keine Phänomene auf der Sprachebene. So würden bspw. folgende Terme bei der Termfrequenzermittlung jeweils als eigenständiger Term angesehen und behandelt werden:

| Beispiel 1 | Beispiel 2 | Beispiel 3 |
|---|---|---|
| Zahlung | Haus | Niederschlag |
| Zahlungen | Häuser | niederschlagen |
| Zahlungstermin | Hausmakler | Niederschlagung |
| bargeldlose Zahlung | Bürohaus | niedergeschlagen |

In diesen Beispielen sind eine Reihe (weitaus nicht alle!) verschiedener sprachlicher Probleme angedeutet. Diese Beispiele lassen sich betrachten vor dem Hintergrund,

a) informationslinguistische Lösungen in der Vorbereitung für eine statistischen Indexierung einzusetzen (beispielsweise in Vorbereitung auf den Termfrequenzansatz) oder

b) informationslinguistische Lösungen allein zur Produktion automatischer Indexate anzuwenden.

Die statistischen Verfahren sollten wenigstens Teillösungen der informationslinguistischen Ansätze berücksichtigen (wie bspw. eine Grundformenreduktion), da in der Folge die Termfrequenzermittlung zu besseren Ergebnissen kommen kann.

Um einige der relevantesten Problematiken auf sprachlicher Ebene zu verdeutlichen, folgt zunächst eine ausführlichere Diskussion der o.g. Beispiele im Detail:

**Beispiel 1:**
„Zahlung" und „Zahlungen" stellen dasselbe Wort dar, jedoch verschiedene *Wortformen*. „Zahlungen" ist eine Flexionsform der Grundform „Zahlung", mit dem regelmäßigen Flexionssuffix „en". Wortformen derselben Grundform dürfen beispielsweise bei der Termfrequenzermittlung nicht getrennt betrachtet werden, da dies das Ergebnis der statistischen Indexierung beeinträchtigen würde. Bei informationslinguistischer Indexierung muss die Wortform durch eine Reduktion auf die Grundform oder gar die Stammform zurückgeführt werden. „Zahlungstermin" ist ein Kompositum, dessen einzelne Bestandteile für die Indexierung berücksichtigt werden müssten (Kompositumszerlegung). Schließlich ist der Ausdruck „bargeldlose Zahlung" ein Mehrwortbegriff, der auch in seiner Gänze als Indexterm berücksichtigt werden müsste.

**Beispiel 2:**
Im Falle von „Haus" und „Häuser" liegen wiederum Grundform und pluralbedingte Wortformbildung vor. Die Anforderungen einer Zusammenführung sind auch hier gegeben, jedoch lässt sich dieses Problem nicht durch eine einfache Wortformenreduktion lösen, da die Pluralbildung durch eine Stammformveränderung hervorgebracht (unregelmäßige Pluralbildung) wurde. „Hausmakler" und „Bürohaus" sind Komposita, bei denen wiederum eine entsprechende Zerlegung vorgenommen werden sollte, falls die jeweiligen Bestandteile als sinnvolle Indexterme erachtet werden.

**Beispiel 3:**

Im dritten Beispiel ist zunächst nicht offensichtlich, wie sich die einzelnen Wörter zueinander verhalten, da ihre Bedeutung ohne Kenntnis des Kontextes ihrer Verwendung jeweils uneindeutig ist. Nehmen wir folgende Kontexte an: „... muss mit Niederschlag in Form von Schnee gerechnet werden.", „... wird er den Prozess niederschlagen.", „... nach Niederschlagung der Revolte ...", „... wurde er durch seinen Gegner niedergeschlagen". Einfache informationslinguistische Verfahren stoßen hier an ihre Grenzen, da es um Probleme auf der Bedeutungsebene geht. Durch eine Extraktionsmethode lässt sich der vorliegende Unterschied nicht repräsentieren.

Bei der Anwendung der informationslinguistischen Verfahren geht es hauptsächlich darum, die nachfolgenden Aufgaben zu lösen (STOCK 1998, ZIMMERMANN 1983):

- Nicht sinntragende Wörter eliminieren um sie damit aus der Indexierung auszuschließen,

- grammatische Flexionsformen auf eine Grundform oder Stammform zu bringen (Wortstammanalysen),

- Komposita in sinnvolle Bestandteile zu zerlegen,

- Phrasierungen (Mehrwortbegriffe) zu erkennen sowie

- Pronomina korrekt zuzuordnen.

Die Computerlinguistik untersucht, wie die natürliche Sprache von Mensch und Maschine als Mittel zur Übermittlung, Speicherung und Verarbeitung von Information verwendet werden kann.

**D**

**Definition *Informationslinguistik:*** Die Informationslinguistik untersucht sprachliche Probleme der Textanalyse, wie sie typischerweise im Kontext des Information Retrieval auftreten. Sie befasst sich mit der Verarbeitung natürlicher Sprache in bzw. für Informationssysteme, sie ist somit eine Disziplin auf der Schnittstelle zwischen Informationswissenschaft und Computerlinguistik (LUCKHARDT 1998).

Zwar wird auch bei statistischen Verfahren eine Verarbeitung sprachlicher Einheiten (Texttermen) vorgenommen. Da allerdings keine wirkliche sprachliche Analyse erfolgt, werden statistische Ansätze nicht zu den informationslinguistischen Verfahren gezählt. Informationslinguistik im Allgemeinen und die Indexierungsverfahren auf ihrer Grundlage im Besonderen sind abhängig vom gegebenen Sprachsystem. So treten für die deutsche Sprache bspw. Problemstellungen auf, die für die englische Sprache keine Rolle spielen (vgl. STOCK

2000): so beispielsweise die Lemmatisierung, die Kompositumszerlegung oder die Erkennung und Behandlung von Wortbindestrichergänzungen.

Zu dem erreichten Stand und den Möglichkeiten der Informationslinguistik wird der Beitrag von WINIWARTER (1996) empfohlen, zu Evaluationen von Information Retrieval-Systemen mit linguistischen Komponenten der Beitrag von RUGE/GOESER (1998).

Graphemisch-phonologische Verfahren und eine Schreibfehlerkorrektur sollten der eigentlichen Indexierung voraus gehen. Die Rechtschreibprüfung gehört zu den wichtigsten Funktionen von Textverarbeitungsprogrammen. Software für die Rechtschreibprüfung wird für eine Vielzahl von Sprachen angeboten. Hingegen wird in den meisten Informations- und Information Retrieval-Systemen noch auf eine Schreibfehlerkorrektur verzichtet. Da allerdings Untersuchungen bis zu 12 Prozent fehlerhaft eingegebener Suchtermini ermittelt haben (STOCK 2000), sollte eine Schreibfehlerkorrektur der Suchwörter im Information Retrieval jedoch genauso selbstverständlich sein wie eine Qualitätskontrolle des Dokumenteninputs. Die Schreibfehler bei Suchwörtern lassen sich zu 80 Prozent auf diese vier Fehlerklassen zurückführen (NOHR 2000):

| Auslassung: | Chmical |
|---|---|
| Einfügung: | Chemeical |
| Substitution: | Chemecal |
| Vertauschung: | Chmeical |

Einen Sonderfall stellt die Erkennung von lautlichen oder Schreibvarianten dar, beispielsweise bei Personennamen:

*Maier – Meier – Mayer – Meyer – Mayr*
*Gorbachow – Gorbachev*

Diese Schreibvarianten werden von Nutzern nicht im Sinne eines Rechtschreibfehlers eingegeben; häufig ist die jeweils korrekte Schreibweise einfach nicht bekannt. Die verschiedenen Schreibvarianten verbindet meist ihre Aussprache, die dem Nutzer in Erinnerung ist. Für die Erkennung und Zusammenführung von Schreibvarianten bzw. die Korrektur von Schreibfehlern liegen informationslinguistische Verfahren bereit, beispielsweise das SOUNDEX-Verfahren (STOCK 2000) und die N-Gramm-Analyse.

Die Zusammenführung von Abweichungen der „Schreibweisennorm" ist insbesondere bei deutschsprachigen Texten notwendig (vor allem auch nach der Rechtschreibreform). In Informationssystemen mit deutschsprachigen Texten finden sich oft Abweichungen gegenüber der Schreibweise des Dudens. Diese Abweichungen führen zu Informationsverlusten, wenn die Nutzer die „korrekte"

Schreibweise für die Suche verwenden. Diese Abweichungen müssen zusammengeführt werden:

- Umlaute bzw. Ablaute aufgelöst als Vokal + *e: Märkte, Maerkte*
- Großschreibung kleingeschriebener Wörter am Satzanfang
- *ss* und ß

Die linguistisch basierten Indexierungsverfahren können in ihrer Analyse auf drei Ebenen der Sprache ansetzen (KAISER 1993):

- Morphologische Analyse
- Syntaktische Analyse
- Semantische Analyse

Diese Aufgaben fallen sowohl bei der Indexierung von Dokumenten als auch bei der entsprechenden Aufbereitung von Retrievalfragen an. Durch die Lösung dieser Aufgaben erreichen informationslinguistische Verfahren bis zu einem gewissen Grade eine Unabhängigkeit von der jeweils verwendeten sprachlichen Ausdrucksform zur Darstellung von Sachverhalten. Dieser Ansatz trägt damit dem Variantenreichtum sprachlicher Ausdrucksformen Rechnung.

Heute realisierte Indexierungssysteme bieten keine erschöpfenden Lösungen.

> Bei der Vielfalt und der Komplexität der Probleme, die die natürliche Sprache stellt, sind perfekte Lösungen entweder unverhältnismäßig aufwendig oder gegenwärtig gar nicht erreichbar. (KNORZ 1994, S. 149)

Perfekte Lösungen für komplexere sprachliche Analysen bedürften der Realisierung aller drei oben erwähnter Analyseschritte, dabei entstehen jedoch unverhältnismäßig aufwändige Verfahren. Das oben behandelte dritte Beispiel, mit seinen kontextabhängigen semantischen Differenzierungen, wäre nur unter Einsatz aufwändiger Verfahren lösbar.

Bestrebungen, eine Annäherung an perfekte Lösungen zu erreichen, können vor allem in den Ansätzen gesehen werden, eine weitgehende Syntaxanalyse (Parsing) durchzuführen (WERNER 1982; SCHNEIDER 1985). Syntaktische Analysen sollten insbesondere der im jeweilig vorliegenden Kontext korrekten Grundformenreduktion dienen. Zudem wurden syntaxanalytische Verfahren für die Identifizierung von Homographen eingesetzt (vgl. obiges Beispiel 3). Der wohl weitestgehende Anspruch syntaxanalytischer Verfahren liegt in der Erschließung kompletter syntaktischer Strukturen. Dabei wird versucht über durch Zwischenräume gekennzeichnete Beschreibungselemente („Wort") hinaus, Einheiten der Sprache zu identifizieren, die aus mehreren Elementen („Mehrwortgruppen") bestehen (SCHNEIDER 1985). Einen solchen Ansatz verfolgte beispielsweise das Indexierungssystem CTX in der Anwendung JUDO (WERNER 1982; ZIMMERMANN et al. 1983; SCHNEIDER 1985; KEITZ 1986).

ZIMMERMANN et al. (1983) geben die folgenden zu identifizierenden oberflächensyntaktischen Strukturen an, um Nominalgruppen als Indexterme zu gewinnen. Es sind jeweils Beispiele hinzu gefügt, wie sie im Projekt JUDO auftraten:

1. Adjektivattribut – Substantiv
   „... wenn sie unvollständige oder entstellende Angaben enthalten."
   → unvollständige Angabe

2. Substantiv – Genitivattribut
   „... der Durchsetzung des gesetzlich geforderten Datenschutzes ..."
   → Durchsetzung Datenschutz

3. Substantiv – Präpositionalattribut
   „... ersuchen auf Auskunft von der Behörde ..."
   → Auskunft Behörde

4. Substantiv – beigeordnetes Substantiv
   „... größere Transparenz von Informationen, schnelleren und umfassenderen Zugriff zu den Daten und größere Auswertungsmöglichkeiten zur Folge."
   → Transparenz Auswertungsmöglichkeit

Damit ist es u.a. also die Aufgabe einer Analyse, aus einem Satz: „... wenn sie *unvollständige* oder entstellende *Angaben* enthalten.", die Adjektivattribut-Substantiv Struktur (Mehrwortgruppe) „unvollständige Angabe" zu identifizieren und als Indexterm vorzusehen. Der Ausdruck „Künstliche Intelligenz" sollte als mehrgliedrige Nominalphrase erkannt und ebenfalls für eine Indexierung bereitgestellt werden.

In der Syntaxanalyse können Ansätze eines partiellen Parsing (wie im System CTX) unterschieden werden von den Bemühungen, ein vollständiges Parsing (wie es beispielsweise angestrebt wird in den Systemen CONDOR und COPSY) durchzuführen. Diese syntaxorientierten Forschungsansätze hatten eine Blütezeit in den 70er und 80er Jahren, haben sich letztlich jedoch nicht bewährt (Probleme des syntaxanalytischen Ansatzes zeigt u.a. SCHWARZ 1987 auf.). Syntaxanalysen führen schnell zu unverhältnismäßig aufwändigen und hochkomplexen Lösungen, ohne eine wirklich befriedigende Indexierungslösung erreichen zu können (REIMER 1992). So stellt GOESER (1994, S. 22) als Fazit des syntaxorientierten Ansatzes fest:

> Als wesentliches Forschungsergebnis bleibt festzuhalten, dass Mehrwortdeskriptoren nicht rein syntaktisch bestimmt werden können.

Semantische Analyseschritte finden auf der Ebene des ganzen Dokuments statt. Über semantische Analysen wird versucht, kontextuelles Wissen zu verarbeiten und einen Text in bedeutungsabhängige Einheiten zu zerlegen.

Gleichwohl sind informationslinguistische Lösungen in Kombination mit anderen Indexierungs- und Retrieval-Verfahren (statistischen oder begriffsorientierten) von größtem Interesse. So wird beispielsweise im System OSIRIS[15] (RONTHALER/SAUER 1997) u.a. ein partielles Parsing auf Nominalphrasen eingesetzt. Das System OSIRIS bildet im Ergebnis letztlich einen natürlichsprachigen Input aus Dokumenten oder Systemanfragen auf die Klassen eines Klassifikationssystems ab (Einen ähnlichen Ansatz verfolgt auch das System GERHARD bei der Indexierung deutschsprachiger WWW-Dokumente, vgl. Abschnitt 3.4.2.). Der Ansatz ist unabhängig vom verwendeten Klassifikationssystem.

Erfolgreiche Indexierungssysteme, die allein aufgrund informationslinguistischer Verfahren Resultate erzielen, sind heute meist pragmatisch ausgelegt und agieren hinsichtlich einer Bereitstellung „bereinigter" Wortformen für ein Retrieval. Dies beinhaltet dann vornehmlich – aber bereits in einem eingeschränkten Maße – die ersten vier von STOCK (1998) angeführten Aufgaben (s.o.). Dafür stellt die *Morphologie* den wichtigsten theoretischen Hintergrund zur Verfügung.

**Definition *Morphologie:*** Die Morphologie beschäftigt sich mit den Regularien der inneren Struktur von Wörtern und der Bildung von Wortklassen und strukturellen Gesichtspunkten (CRYSTAL 1995, S. 90; MILLER 1996). Innerhalb der Morphologie wird zwischen einer Flexionsmorphologie und einer Derivationsmorphologie unterschieden. Die Flexionsmorphologie beschäftigt sich mit der Abwandlung von Wörtern um grammatikalische Kontraste innerhalb von Satzkonstruktionen auszudrücken (beispielsweise Singular / Plural). Währenddessen untersucht die Derivationsmorphologie Prinzipien, die der Konstruktion neuer Wörter zugrunde liegen (CRYSTAL 1995).

Morphologische Analysen finden damit auf der Wortebene statt. Das wörterbuchgestützte Indexierungsverfahren IDX (s.u.) kodiert bspw. unter diesem Gesichtspunkt alle auftretenden Wörter eines Textes. Die Internet-Suchmaschine ScoutMaster[16] setzt das informationslinguistische System EXTRAKT der Firma TEXTEC[17] ein, um Wortformreduktionen bzw. -expansionen bei der Recherche durchzuführen. Eine Sucheingabe „automatische indexierung" wird durch die Funktion *Wortformen* in die folgende Rechercheformulierung umgesetzt (Eine ODER-Verknüpfung erfolgt dabei innerhalb einer jeweiligen Zeile, eine UND-Verknüpfung zwischen den einzelnen Zeilen):

---

15  Das System OSIRIS wird in der Universitätsbibliothek Osnabrück zur Katalogerschließung eingesetzt.

16  Die ScoutMaster-Suchmaschine ist unter http://www.scoutmaster.de zugänglich, die informationslinguistische Analysekomponente ist unter der Funktion „Recherche" verfügbar.

17  Die Firma TEXTEC Software Dr. Erwin Stegentritt bietet Informationen im Internet unter http://www.textec.de.

> Suche im ganzen Text
>
> automatische indexierung, automatisch, automatische, automatischem, automatischen, automatischer, automatisches
>
> und in +/- 1 Zeile automatische indexierung, Indexierung, Indexierungen

Ein weiteres Beispiel für die Arbeit der morphologischen Systeme sei hier noch angeführt: Die auf dem System Malaga der Universität Erlangen basierende „Deutsche Malaga-Morphologie" (DMM)[18] bietet ein fortgeschrittenes Verfahren der morphologischen Textanalyse an (LORENZ 1996). In einem Test wurden 691.000 Wortformen aus einem Korpus der Frankfurter Rundschau zu 92 Prozent korrekt analysiert (LORENZ 1996). Die folgende Abbildung 3-4 stellt eine morphologische Analyse der Wortform „Bundesverfassungsgericht" mit DMM vor:

```
<[WordForm: "bundesverfassungsgericht",
  AltSegmentations: <>,
  POS: <Substantive>,
  CaseNumber: NomSg|DatSg|AccSg,
  Gender: Neuter,
  AnalysisType: Parsed,
  Weight: 0.050000,
  WordStructure: <[Morpheme: "bund",
                   Allomorph: "bund"],
                  [Morpheme: "es",
                   Allomorph: "es"],
                  [Morpheme: "verfassen",
                   Allomorph: "verfass"],
                  [Morpheme: "ung",
                   Allomorph: "ung"],
                  [Morpheme: "s",
                   Allomorph: "s"],
                  [Morpheme: "gericht",
                   Allomorph: "gericht"]>,
  Segmentation:
"bund<FUG>es<CPD>verfass<DRV>ung<FUG>s<CPD>gericht",
  BaseForm: "bundesverfassungsgericht"]>
```

**Abbildung 3-4:** Morphologische Analyse mit DMM

---

18  Weitere Informationen zu Malaga und DMM sowie eine Demonstrationsanwendung sind auf den Internet-Seiten der Universität Erlangen verfügbar unter http://www.linguistik.uni-erlangen.de/~orlorenz/DMM/DMM.html

Grundsätzlich lassen sich die informationslinguistischen Indexierungssysteme hinsichtlich ihrer Verfahrensgrundlage in zwei prinzipiell verschiedene Ansätze unterscheiden,

a) in regelbasierte Verfahren und

b) in wörterbuchbasierte Verfahren.

Auch hier ist ein „Verfahrensmix" möglich und vielfach auch in einzelnen Systemen realisiert.

Die bereits beschriebenen syntaxanalytischen Verfahren gehören in die erste Gruppe. Mischformen aus regel- und wörterbuchbasierten Ansätzen sind möglich und in der Praxis auch vorhanden.

Regelbasierte Ansätze versuchen das für Indexierungen notwendige Regelgerüst einer Sprache in Algorithmen zu fassen. Die Implementierung von Regeln ist eine „einmalige" und damit generalisierende Aufgabe. Alle Terme in Dokumenten werden anhand der implementierten Regeln analysiert und bearbeitet. Dieses informationslinguistische Verfahren gilt damit quantitativ als relativ wenig aufwändig, da keine individuelle Auseinandersetzung mit einzelnen Wörtern oder Wortgruppen stattfindet und eine Pflege einmal implementierter Lösungen unterbleiben kann. Neue Wörter werden normalerweise durch vorhandene Regeln korrekt analysiert und bearbeitet. Gleichwohl kann die informationslinguistische Umsetzung sprachlicher Regeln in Algorithmen ein aufwändiges Problem darstellen. Die Schwierigkeiten regelbasierter Verfahren bestehen bspw. bei der Bearbeitung unregelmäßiger Pluralbildungen („Haus" – „Häuser"), da diese eine Stammformveränderung beinhalten. Kaum lösbar ist die regelbasierte Zerlegung auftretender Komposita (Versuchen Sie sich einmal an der Zerlegung der Komposita „Glücksautomaten" oder „Staatsexamen" sowie der Suche nach einer eindeutigen Regel für ihre korrekte Zerlegung[19].). Allgemein können über Regeln alle unregelmäßigen sprachlichen Phänomene (die Ausnahmen innerhalb einer Sprache) nicht gelöst werden.

Wörterbuchgestützte Verfahren beruhen jeweils auf „Einzelfalllösungen". D.h. jeder zu analysierende Textterm muss mit allen Möglichkeiten der Behandlung in einem oder mehreren Wörterbüchern abgelegt sein. Dies gilt, falls ihre Analyse und Bearbeitung angestrebt wird, auch für Mehrwortbegriffe (Phrasen). Damit sind diese Verfahren durch die umfangreiche und kontinuierlich zu betreibende Wörterbuchpflege in hohem Maße arbeitsintensiv, zeit- und kostenaufwändig, in der Regel jedoch wesentlich zuverlässiger, da individuelle Entschei-

---

19 Zur Veranschaulichung der morphologischen Analyse eines wörterbuchgestützten Verfahrens verwenden Sie bitte die DMM-Demonstration unter http://www.linguistik.uni-erlangen.de/cgi-bin/orlorenz/dmm.cgi. Ausführliche Beispiele für den Aufbau der Wörterbücher sind in LORENZ (1996) zu finden.

dungen getroffen werden und damit auch sprachliche Unregelmäßigkeiten Berücksichtigung finden können. Auf diese Weise kann bspw. korrekt festgelegt werden, dass unser bereits angesprochenes Kompositum „Staatsexamen" folgendermaßen zerlegt werden muss: „Staat|s|Examen" (falsch hingegen wäre die Dekomposition in „Staat|Sex|Amen"). Das „s" fungiert in diesem Falle als ein Fugenmorphem. Einschränkend muss jedoch angemerkt werden, dass durch die praktisch unendliche Kombinationsmöglichkeit der Sprache zu neuen Komposita und Mehrwortbegriffen lexikalische Lösungen in diesen Bereichen immer mehr oder weniger unzulänglich bleiben.

Der Umfang der in der Praxis der Textanalyse implementierten Wörterbücher ist recht unterschiedlich. Im Wörterbuch des weit verbreiteten Analyseansatzes von GERTWOL sind (Stand 1994) beispielsweise die folgenden Wortformen mit den jeweils angegebenen Mengenverteilungen abgelegt (HAAPALAINEN/MAJORIN 1995):

| Wörterbuch GERTWOL | |
|---|---|
| **Anzahl** | **Wortart** |
| 11.000 | Adjektive |
| 2.000 | Adverbien |
| 400 | Interjektionen |
| 50.000 | Substantive |
| 6.500 | Verben |
| 12.000 | Eigennamen |
| 1.700 | Abkürzungen |

Wenn auch die geschlossenen Wortarten Konjunktionen, Pronomina, Artikel und Präpositionen mitgerechnet werden, verfügt GERTWOL über ein Wortformenlexikon von etwa 85.000 Wortformen.

Das mit GERTWOL im Wesentlichen vergleichbare Systems DMM arbeitet derzeit mit einem Grundformenlexikon mit ca. 50.000 Grundformen, bestehend aus:

| Wörterbuch DMM | |
|---|---|
| **Anzahl** | **Wortart** |
| 20.400 | Substantive |
| 11.200 | Adjektive |
| 10.900 | Eigennamen |
| 6.200 | Verben |

Der Rest der Einträge im Wörterbuch von DMM besteht aus Funktionswörtern (beispielsweise Artikel, Präpositionen usf.), Flexionsendungen, Präfixen, Fugenelementen, usf.

Für die englische Sprache sind regelbasierte Verfahren (graphematische Verfahren) mit großem Erfolg entwickelt worden und bereits seit längerer Zeit auch im Einsatz etabliert (KUHLEN 1974). Die morphologisch wenig komplexe englische Sprache kennt kaum Wortstammveränderungen, d.h. sie ist flektionsarm (vgl. Indexing and Morphology o.J.). Entsprechende Algorithmen sind für morphologisch komplexere Sprachen, wie die flektionsreiche und kompositumsträchtige deutsche Sprache, nicht hinreichend. So hat sich beispielsweise der erfolgreich im britischen Okapi-Retrievalsystem eingesetzte Algorithmus von PORTER (PORTER 1980) in einem Test als nur sehr eingeschränkt für Dokumente in der deutschen Sprache anwendbar erwiesen (AHLFELD 1995). Der Einsatz der regelbasierten Verfahren sowie der Aufwand für die Entwicklung und Implementierung von Regeln ist also abhängig vom Sprachsystem[20]. Die bereits von KUHLEN (1974) beschriebenen Algorithmen führen sehr unterschiedlich weitgehende Reduktionen durch. Diese Reduktionen können

a) auf die *Formale Grundform*,
b) auf die *Lexikalische Grundform* oder
c) auf die *Stammform*

ausgeführt werden.

Ein bekanntes System für die englische Morphologieanalyse ist MARS, ein Werkzeug für den Einsatz im Umfeld des Information Retrieval (NIEDERMAIR 1987).

---

[20] Mehrsprachige Dokumente und Dokumentkollektionen stellen daher ein besonderes Problem dar, die im Rahmen informationslinguistischer Textanalysen einer gesonderten Betrachtung bedürfen.

Eine Grundformenreduktion dient dazu, verschiedene Wortformen durch das Abtrennen der Flexionsendung auf ihre formale Grundform zurückzuführen. Ergänzend kann anschließend noch auf die lexikalische Grundform reduziert werden, indem bei Substantiven der Nominativ Singular und bei Verben der Infinitiv gebildet wird. Die Reduktion auf die Stammform findet nach der Grundformreduktion statt und besteht aus einer Entfernung der Derivationsendungen und damit aus einer Rückführung der Wörter auf ihren Wortstamm. Der Wortstamm der englischen Wörter *computer*, *compute*, *computation* und *computerization* ist bspw. *comput*.

Ein ausführliches Beispiel (nach KUHLEN 1974) einer Reduktion anhand der Stammform *absorb* zeigt aufbereitet die Abbildung 3-5. Dabei wird eine unterschiedlich weitgehende Wirkungsweise der verschiedenen Reduktionsalgorithmen verdeutlicht, je nachdem, ob sie auf die formale oder die lexikalische Grundform reduzieren oder sogar eine Reduktion bis auf die Stammform vornehmen. Weitgehende Reduktionsalgorithmen laufen tendenziell Gefahr, Fehler durch eine zu weitgehende Reduktionen (das sog. Overstemming) hervorzurufen. Während weniger weitgehende Reduktionsalgorithmen in der Tendenz zu einem understemming, d.h. zu eher ungenügend weitgehenden Reduktionen

---

**Fallbeispiel: SAP SEM (2)**

< Fortsetzung von Kap. 1, S. 12

Bei der Indexierung durchläuft das System zwei Phasen: die Rohindexierung und die abgestimmte Indexierung. Die Rohindexierung erfordert keine Eingaben des Benutzers und kann daher im Anschluss an eine Transformation der Texte geschehen.

Einzelwörter werden anhand von Satzzeichen oder „Whitespaces" (Leerzeichen, Zeilenumbrüche, Tabulator, ermittelt. Es findet zudem eine Stammformreduktion statt. Um von unregelmäßigen Verben, z.B. der konjugierten Form „they sold", den Infinitiv „sell" ablegen zu können, wird dieser über das Wörterbuch der Software WordNet bestimmt.

Ferner eliminiert das System Pluralendungen von Substantiven und führt Komparative und Superlative auf das entsprechende Adjektiv zurück. Ein leicht modifizierter Algorithmus von PORTER (1980) entfernt schrittweise verbleibende Suffixe. Die Redaktionskomponente erkennt zudem zusammengesetzte Ausdrücke, z.B. „joint venture". Darauf aufbauend schlägt der Redaktions-Leitstand eine Kombination von Dimensionsausprägungen (Auswertungsobjekt) für die Zuordnung vor. Hervorzuheben ist, dass sich die Empfehlungen nicht auf Wörter beschränken, die im Dokument exakt enthalten sind. Durch die Berechnung von Ähnlichkeitsmaßen erkennt das System, wie in der Vergangenheit gleichartige Dokumente indexiert wurden und empfiehlt daraufhin Deskriptoren. Dem Benutzer steht es offen, das Angebot des Systems zu akzeptieren oder zu modifizieren.

> Fortsetzung im Kap. 5, S. 128

(Quelle: MEIER/FÜLLEBORN 1999; MERTENS /GRIESE 2002)

von Textwörtern führen können. Beispiele für diese beiden häufigsten Fehlerklassen werden weiter unten besprochen. Unmittelbar einsichtig ist, das alle Varianten der algorithmischen Reduktionen nur erfolgreich funktionieren können, wenn die Wortformenbildung regelmäßig ist, d.h. keine Veränderung des Wortstamms impliziert (wie dies beispielsweise bei Maus – Mäuse oder in der englischen Sprache bei mouse – mice der Fall ist).

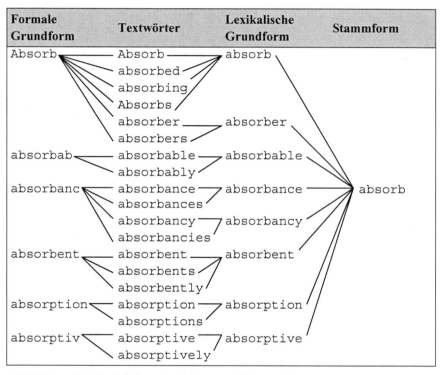

**Abbildung 3-5:** Reduktionsalgorithmen und ihre Wirkungsweisen nach KUHLEN (1974)

Zur besseren Veranschaulichung der Funktions- und Arbeitsweise eines Reduktionsalgorithmus werden wir nachfolgend für die englische Sprache einen einfachen aber bereits recht wirkungsvollen Algorithmus für eine lexikalische Grundformenreduktion darstellen. Die in der Tabelle angegebenen acht Bearbeitungsregeln a) bis e) beziehen sich auf Substantive, die Regeln f) bis h) bearbeiten Verbformen.

Die Regeln dieses Algorithmus werden in sequenzieller Weise durchlaufen, d.h. die jeweils erste passende Regel findet Anwendung auf den konkreten zu bearbeitenden Fall. Die Wortform *making* würde beispielsweise durch den zweiten Fall der Regel f) bearbeitet werden, da die fragliche Zeichenfolge *ing* nach einer

Kombination aus Vokal (*a*) und Konsonant (*k*) auftritt. Durch die Bearbeitungsregel wird nun die Zeichenfolge *ing* ersetzt durch das Zeichen *e* und damit die Grundform *make* generiert. Es muss allerdings betont werden, dass auch dieser Algorithmus nicht fehlerfrei arbeitet, es also in Einzelfällen auch zu falschen Reduktionen der Wortform kommen kann.

| Notation | | Regeln des Algorithmus | |
|---|---|---|---|
| % | alle Vokale, einschl. Y | a) | IES → Y |
| * | alle Konsonanten | b) | ES → § nach * O/CH/SH/SS/ZZ/X |
| ! | Länge des Wortes | c) | S → § nach * /E/%Y/%O/OA/EA |
| / | „oder" | d) | S' → § |
| § | Leerzeichen | | IES' → Y |
| → | „zu" | | ES' → § |
| ← | „aus" | e) | 'S → § |
| \ | „nicht" | | ' → § |
| | | f) | ING → § nach **/%/X |
| | | | ING → E nach %* |
| | | g) | IED → Y |
| | | h) | ED → § nach**/%/X |
| | | | ED → E nach %* |

**Tabelle 3-5:** Notation und Regeln für einen einfachen Reduktionsalgorithmus

Die Reduktionsalgorithmen für eine Grundformenreduktion behandeln Fälle nicht individuell, sondern wenden implementierte Regeln auf alle potenziell vorkommenden Fälle an. Bei dieser generalisierenden Verarbeitungsweise ist ein gewisser Grad an fehlerhaften Analysen unvermeidlich. Die auftretenden Fehler resultieren aus den zwei bereits bekannten Fehlerklassen (KNORZ 1994):

a) entweder aus einer im Einzelfall zu weitgehenden Reduktion (dem *Overstemming*) oder

b) einer Reduktion, die im konkret vorliegenden Fall nicht weit genug operiert (dem *Understemming*).

Beispiele für die angeführten Fehlerklassen:

**Overstemming:**
Verschiedene Wortformen mit der gleichen Grund- bzw. Stammform werden falsch zusammengeführt:

den Buch~en ⇒ buch | das Eis~en ⇒ eis | die Rind~en ⇒ rind
des Buch~es ⇒ buch | des Eis~es ⇒ eis | die Rind~er ⇒ rind

**Understemming:**
Verschiedene Wortformen mit gleicher Grund- bzw. Stammform werden nicht zusammengeführt:

des schlecht(est~en) ⇒ schlechtest | die Them~en ⇒ them
den schlecht(~en) ⇒ schlecht | des Thema~s ⇒ thema
der schlecht(er~e) ⇒ schlechter |

Eine Erkennung von Mehrwortgruppen (Phrasenerkennung) ist – wie bereits mehrfach erwähnt – eine der wichtigsten Aufgaben innerhalb der informations-linguistischen Analyse. Im Beispieltext I wäre etwa „elektronischer Marktplatz" eine entsprechende Mehrwortgruppe, im Beispiel II „Frankfurter Neuer Markt". Eine Erkennung dieser sprachlichen Formen als Einheit und ihre Aufnahme in den Index kann über die Implementierung von entsprechenden Mehrwort-gruppen-Wörterbüchern erreicht werden (siehe die Beschreibung des IDX-Ver-fahrens in Abschnitt 3.2.2). Eine wörterbuchgestützte Lösung hat jedoch den Nachteil, nur jeweils enthaltene Mehrwortgruppen erkennen zu können und über-aus pflegeaufwändig zu sein. Eine wörterbuchabhängige Mehrworterkennung funktioniert insbesondere bei neuen Ausdrücken nicht.

Wörterbuchgestützte Lösungen werden häufig mit einer Analyse durch Parser gekoppelt. Im Laufe der Arbeiten zum Darmstädter Indexierungsansatz AIR (siehe Abschnitt 3.4.1) entstand ein robuster Parser für die Erkennung von Mehr-wortgruppen. Das zugehörige Mehrwortgruppen-Wörterbuch wurde automatisch erstellt. Die Vorgehensweise des Parsers ist recht einfach:

Sobald eine potenzielle Komponente einer Mehrwortgruppe gefunden wird, folgt eine Überprüfung, ob die restlichen Komponenten innerhalb eines vorbe-stimmten maximalen Abstands ebenfalls im Dokument vorkommen. Ist dies der Fall, so findet eine Bewertung des Fundes anhand folgender formaler Kriterien statt, wobei die beiden ersten auch die wichtigsten sind:

1. Der Abstand zwischen den Ausdrucksteilen der potenziellen Mehrwort-gruppe (bei der Bestimmung des Wortabstandes werden wahlweise alle Wörter, nur Stoppwörter oder nur relevante Wörter gezählt)

2. Für jede der Komponenten eines Ausdrucks: Stimmt die gefundene Kompo-nente mit der Grundform im Wörterbuch überein oder nur mit der Stamm-form?

3. Die Reihenfolge der Komponenten (ist die Reihenfolge im Text gleich der im Wörterbuch?)

4. Sind alle Komponenten im gleichen Satz?

Mit den so ermittelten Werten bildet man nun Klassen von Vorkommensformen. Aufgrund von Heuristiken wird die Wahrscheinlichkeit bestimmt, dass die jeweilige gefundene Mehrwortgruppe auch syntaktisch korrekt ist.

Eine weitere Lösung für die Erkennung von Mehrwortgruppen besteht in der Zerlegung eines Textes in „Klumpen" (vgl. STOCK 2000). Um dies zu erreichen wird eine ausführliche Stoppwortliste erstellt, die u.a. alle Adverbien, alle Hilfsverben sowie viele weitere Verben enthält. Diese werden als Begrenzer interpretiert, die eine mögliche Mehrwortgruppe einleiten oder abschließen (Begrenzerverfahren). Im betrachteten Text bleiben zwischen den definierten Stoppwörtern (den Begrenzern) Textklumpen übrig. Sind dies Einzelwörter spielen sie für die Ermittlung von Mehrwortgruppen keine Rolle. Bleiben mehrere nacheinander - stehende Wörter übrig, so sind dies mögliche relevante Mehrwortbegriffe für die Indexierung. Ein Begrenzerverfahren wird u.a. im System FIPRAN eingesetzt (VOLK et al. 1992). Ein Beispiel aus dem Beispieldokument I soll das Begrenzerverfahren verdeutlichen:

Das **Konzept** der drei **Konkurrenz-Konzerne** zielt hingegen auf einen **elektronischen Marktplatz** für die **Zulieferindustrie**.

Der Mehrwortbegriff „elektronischen Marktplatz" wird links- und rechtsbündig von Stoppwörtern (einen, für) eingeschlossen (begrenzt). Er ist damit als ein möglicher Kandidat für einen relevanten Indexbegriff identifiziert. Tritt dieser Mehrwortbegriff häufiger in diesem oder anderen Dokumenten auf und überschreitet er dabei einen definierten Schwellenwert, wird er automatisch als Indexbegriff zugelassen. Der Mehrwortbegriff wird automatisch in ein entsprechendes Lexikon aufgenommen. Dieses Verfahren ist bei Lexis-Nexis (für die englische Sprache) erfolgreich implementiert (STOCK 1998, 2000).

Im gerade beschriebenen Verfahren wird die Welt der Mehrwortgruppen jedoch auf einen einfachen Ausschnitt ihrer möglichen sprachlichen Vorkommensformen reduziert. Stellen wir uns vor, der o.g. Beispielsatz lautete:

Das Konzept der drei Konkurrenz-Konzerne zielt hingegen auf einen **Marktplatz** für die Zulieferindustrie in **elektronischer** Form.

Nicht geändert hat sich die inhaltliche Aussage, beide Sätze geben die inhaltlich identische Information wieder. Geändert hat sich jedoch die Stellung der Komponenten der Mehrwortgruppe im Text. Das geschilderte Verfahren zur Identifizierung von Textklumpen führt hier nicht mehr zum Erfolg. Zur Lösung dieses Problems kann eine Verfahrenskombination bestehend aus einem Mehrwortgruppen-Wörterbuch und einem einfachen Parsing eingesetzt werden:

Zunächst werden einzelne Komponenten einer Mehrwortgruppe identifiziert. Anschließend wird überprüft, ob die weiteren Komponenten innerhalb eines definierten maximalen Abstandes ebenfalls im Text auftreten. Ist dies der Fall, muss eine Bewertung anhand der folgenden formalen Kriterien vorgenommen werden:

■ Dem Abstand zwischen den einzelnen Komponenten der potenziellen Mehrwortgruppe.

■ Für jede Komponente der potenziellen Mehrwortgruppe wird geprüft, ob die gefundene Wortform mit der Grundform im Wörterbuch oder nur mit der Stammform übereinstimmt.

■ Es wird geprüft, ob die Reihenfolge der Komponenten im Text gleich der Reihenfolge der Mehrwortgruppe im Wörterbuch ist.

■ Schließlich wird geprüft, ob die Komponenten im gleichen Satz aufgefunden werden.

Die Ergebnisse dieser Prüfung sind Werte, auf deren Basis Klassen von Vorkommensformen gebildet werden. Im folgenden Verfahren wird die Wahrscheinlichkeit bestimmt, dass die potenzielle Mehrwortgruppe auch in einer syntaktischen Hinsicht korrekt ist. Dabei kommen wiederum Schwellenwerte zum Einsatz.

Die Qualität informationslinguistisch basierter Indexierungen hängt in hohem Maße von der Qualität der verwendeten Wörterbücher bzw. des grundlegenden Regelsystems ab. Insbesondere wörterbuchbasierte Verfahren implizieren einen hohen manuellen Aufwand für die permanente Pflege der Wörterbücher (KEITZ 1986). Die erzielbaren Resultate der Indexierung werden durch den Umfang und die Qualität der Wörterbücher bestimmt. Bei der Beurteilung solcher Verfahren spielen neben der Qualität einer Indexierung auch die Kosten (der Aufwand) für die Pflege und Weiterentwicklung der eingesetzten Systeme und insbes. der Wörterbücher eine Rolle.

Es gibt heute eine ganze Reihe informationslinguistischer Systeme, die für weiterreichende Verbesserungen der Indexierung eingesetzt werden können. Ihr Einsatz in kommerziellen IR-Systemen kann auch für komplexere Sprachen wie das Deutsche potenziell zu qualitativen Verbesserungen der Indexierung führen. Leistungsfähige Programme mit zufrieden stellenden Leistungen sind beispielsweise MORPHIX bzw. das Nachfolgesystem MONA (entwickelt am Deutschen Forschungszentrum für Künstliche Intelligenz) oder GERTWOL (entwickelt von der finnischen Firma LINGSOFT[21]; HAAPALEINEN/MAJORIN 1995). Ein kom-

---

21  Informationen sind im Internet unter der Adresse: http://www.lingsoft.fi zu finden. Eine Demonstration von GERTWOL kann unter http://www.lingsoft.fi/cgi-bin/gertwol aufgerufen werden.

merziell verfügbares Information Retrieval-System mit weitreichenden informationslinguistischen Funktionen (sowie Relevance Ranking und Relevance Feedback) ist Eurospider, ein ursprünglich experimentelles System der ETH Zürich und heute über die spin-off Firma Eurospider Information Technology AG[22] vertrieben.

### 3.2.1 Beispiel: Indexierungsverfahren im IZIS-ET

Nachfolgend wird ein einfacher Verfahrensablauf der automatischen Indexierung elektrotechnischer Texte im ehemaligen „Internationalen Zweiginformationssystem Elektrotechnik (IZIS-ET)" nach ALLIGER/RICHTER (1978) auszugsweise beschrieben. Die Abbildungen 3-6a und 3-6b sowie die vorausgehende Legende zu den Abbildungen auf den folgenden Seiten stellen zunächst die algorithmischen Verfahrensabläufe für die Erkennung von Einwort- und Mehrwortbegriffen dar. Anschließend werden die Verfahrensabläufe kurz erläutert.

Die nachfolgende Legende gibt eine Beschreibung der in den Abbildungen 3-6a und 3-6b auf den folgenden Seiten grafisch dargestellten Algorithmen der Indexierung:

Die folgenden Anschlusskonnektoren sind in den Abbildungen zum System IZIS-ET dargestellt:

| | |
|---|---|
| **3:** | Anschlusskonnektor für die Faktenindexierung |
| **5:** | Anschlusskonnektor für die Indexierung von Mehrwortbegriffen |
| **6:** | Abschlusskonnektor für den Rücksprung aus den Algorithmen für die Faktenindexierung und die Indexierung von Mehrwortbegriffen |
| **7:** | Rücksprungkonnektor der Faktenindexierung |

Die Kurzzeichen für die verfügbaren Wörterbücher (V1 bis V8) werden durch folgende Erklärungen beschrieben:

| | |
|---|---|
| **V1:** | Wörterbuch deutschsprachiger Begriffe und deren Deskriptorzahlen (Dieses Hauptwörterbuch stellt den Thesaurus des Systems dar, die Deskriptorzahlen bilden ein kontrolliertes Indexierungsvokabular, das durch die verwendeten Zahlencodes sprachenunabhängig ist.) |
| **V2:** | Liste der Endungen *end*, *los*, *frei* (Wörter mit diesen Endungen werden nicht zerlegt) |
| **V3:** | Verzeichnis der Flexionsendungen (Endungen aus einem oder zwei Buchstaben) |

---

22  Informationen unter http://www.eurospider.ch.

| | |
|---|---|
| **V4:** | Verzeichnis der Bindelaute innerhalb von Komposita |
| **V5:** | Verzeichnis von Endungen als Hilfsmittel zur Zerlegung von Komposita |
| **V6:** | Verzeichnis von Mehrwortbegriffen und deren zugeordneten Deskriptorzahlen |
| **V7:** | Verzeichnis von Fakten und deren Deskriptorzahlen (elektrische und andere physikalische Größen) |
| **V8:** | Verzeichnis der Maßeinheiten (einschließlich deren Umrechnungsfaktoren) |

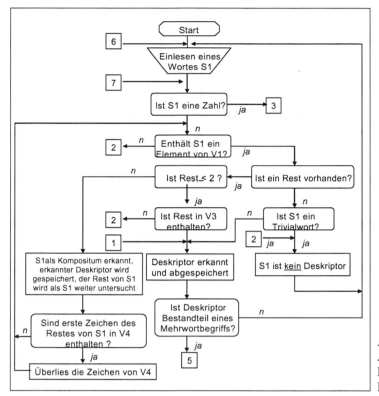

**Abbildung 3-6a:**
Algorithmus zur
Erkennung von
Einwortbegriffen

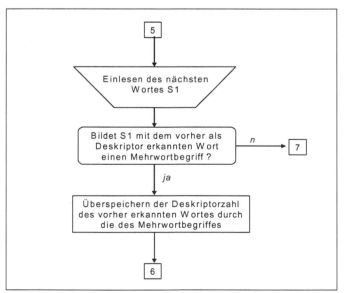

**Abbildung 3-6b:**
Algorithmus zur
Indexierung von
Mehrwortbegriffen

Das Indexierungssystem im Rahmen des IZIS-ET indexiert elektrotechnische Fachbegriffe, die im Text in folgender Form auftreten können:

- einfache Wörter (Simplizia): Substantive, Adjektive
- Komposita
- Abkürzungen
- mehrere Wörter, die zusammen einen Fachbegriff darstellen (Mehrwortbegriffe)
- Zahlen und Maßeinheiten

Zunächst wird geprüft, ob Buchstabenfolgen oder Zahlen zu verarbeiten sind. Für Zahlen steht ein entsprechender Algorithmus für die Faktenindexierung bereit. Für die Verarbeitung von Buchstabenfolgen sind verschiedene Algorithmen für Einwortbegriffe oder Mehrwortbegriffe zuständig. Die Verarbeitung von Buchstabenfolgen erfolgt über einen zeichenweise ablaufenden Vergleich mit insgesamt neun verschiedenen Wörterbüchern nach dem Prinzip des „longest matching" (vgl. Abbildungen 3-6a und 3-6b):

- das Wort stimmt mit einem Eintrag im Thesaurus (V1) überein und ist damit ein Deskriptor
- das Wort stimmt mit einem Eintrag im Thesaurus (V1) überein und der Rest wird als Flexionsendung im Verzeichnis V3 erkannt. Das Wort wird Deskriptor, der Rest eliminiert.
- das Wort lässt sich in mehrere Eintragungen im Thesaurus (V1) zerlegen. Die ermittelten Teilwörter werden als Deskriptoren gespeichert. Mögliche verbleibende Reste werden als Flexionsendungen im Verzeichnis V3 erkannt und eliminiert.

Für die Erkennung und Verarbeitung von Mehrwortbegriffen wird ein gesonderter Algorithmus angewandt (Abb. 3-6b). Der Anschlusskonnektor 5 springt in diesen Algorithmus.

Die Indexterme werden in Form eines Zahlencodes abgespeichert. Das Informationssystem aus der ehemaligen DDR[23] arbeitete mehrsprachig (deutsch, russisch) im Rahmen eines internationalen Fachinformationsverbundes. Die Zahlencodes dienten als Drehscheibe für die jeweilige Übersetzung in jeweils nationalsprachige Thesauri der Mitglieder in diesem internationalen Dokumentationsverbund.

Der Thesaurus enthält Wörter in ihrer Stammform, bspw. „prüf". Die Textterme „Prü*fen*" oder „Prü*fung*" werden erkannt und rückgeführt auf diese

---

23  Wenn das besprochene System heute auch nicht mehr existiert, so bietet der dargestellte Verfahrensablauf dennoch einen recht guten Eindruck vom Zusammenspiel von Algorithmen und Wörterbüchern und von der Komplexität eines automatischen Indexierungsverfahrens informationslinguistischer Art.

Stammform. „Prüf*gerät*" wird als Kompositum erkannt. Komposita werden zerlegt und darauf überprüft, ob die Teilwörter jeweils sinnvolle Fachtermini und damit Deskriptoren sind (ausführlich beschrieben in ALLIGER/RICHTER 1978).

### 3.2.2 Beispiel: IDX – Ein wörterbuchbasiertes Verfahren

Bei IDX handelt es sich um ein wörterbuchbasiertes Indexierungssystem, d.h. alle Funktionen beruhen auf Festlegungen in einem oder mehreren Wörterbüchern. IDX ist in funktionaler Hinsicht grundsätzlich mit dem älteren System PASSAT von Siemens (vgl. GRÄBNITZ 1987) vergleichbar.

IDX (Automatische ... 1997) ist ein Produkt der Firma SOFTEX[24] von Prof. HARALD H. ZIMMERMANN. Die Grundlagenentwicklungen (auch der Wörterbücher) wurden an der Fachrichtung Informationswissenschaft der Universität des Saarlandes durchgeführt.

Das System IDX benötigt eine Reihe sehr umfangreicher Wörterbücher, da alle Erkennungs- und Indexierungsfunktionen an entsprechende Einträge und Festlegungen in Wörterbüchern gebunden sind. Auf syntaxstrukturelle Analysen wird zunächst vollends verzichtet.

Grundsätzlich geht IDX von einer Freitextindexierung aus, wobei jedoch eine Reihe informationslinguistischer Funktionen bereitstehen, um auftretende Textwortformen zu bearbeiten. Z.Zt. werden für die Sprachen Deutsch, Englisch, Französisch, Italienisch und Spanisch die unten angeführten Funktionen angeboten (ZIMMERMANN 1996, Automatische ... 1997):

■ Markierung von Stoppwörtern und ihre weitere Eliminierung aus dem Indexierungsprozess

   Bsp.: Funktionswörter wie bspw. der, mit
   → Stoppwortwörterbuch

■ Textwortformen werden über ein Deflexionsverfahren auf ihre relevanten Grundformen reduziert

   Bsp.: Kinder → Kind; Häuser → Haus; schlugst → schlagen
   → Identifikationswörterbuch

■ Komposita werden *zusätzlich* mit ihren sinnvollen Bestandteilen für die Indexierung bereitgestellt (Dekomposition)

   Bsp.: Wissensrepräsentation → Wissensrepräsentation, Wissen, Repräsentation; Haustüren → Haustür, Haus, Tür
   → Identifikationswörterbuch, vorrangig Relationenwörterbuch

---

24  Im Internet unter http://www.dicits.com/softex.

■ Wortableitungen (Derivationen) werden zusätzlich in ihrer Grundform bereitgestellt

Bsp.: Besichtigung → besichtigen
→ Identifikationswörterbuch, vorrangig Relationenwörterbuch

■ Soweit lexikalisiert, identifiziert IDX Mehrwortbegriffe und Wortbindestrichergänzungen

Bsp.: automatische Indexierung; juristische Person; Wirtschafts- und Sozialordnung → Wirtschaftsordnung, Sozialordnung
→ Mehrwort- und Übersetzungswörterbuch, Relationenwörterbuch

■ Soweit lexikalisiert, können diskontinuierliche Verbteile ihrem Hauptbestandteil zugeordnet werden

Bsp.: steht ... zur Verfügung → zur Verfügung stehen; kamen ... an → ankommen
→ Mehrwort- und Übersetzungswörterbuch, Relationenwörterbuch

Bei den beiden letztgenannten Funktionen kann IDX durch ein vorgeschaltetes Parsingverfahren auch nicht-lexikalische Wortgruppen identifizieren.

■ Wortrelationierungen lassen sich in IDX einbinden, bis hin zu der Funktionsweise eines „echten" Thesaurus

Bsp.: Photo ↔ Foto (Schreibvarianten); Klavier ↔ Piano („echte" Synonyme); TQM ↔ Total Quality Management (Abkürzungen und Langform)
Über die Integration eines echten Thesaurus sind auch andere Relationierungen möglich, bspw. Hierarchie
→ Relationenwörterbuch

■ Für die bereits genannten Sprachen bietet das IDX-Verfahren eine wortbezogene Übersetzung an. Damit sind einsprachige Indexierungen für eine mehrsprachige Dokumentenkollektion möglich

Der Ablauf einer Indexierung mit IDX läuft in mehreren Phasen (Textdurchläufen) ab, wobei jede Phase Zwischendateien hinsichtlich der nächsten Phase erzeugt. Welche Phasen (Indexierungsschritte) konkret durchlaufen werden, hängt von Systemkonfiguration des Anwenders ab. Die Phasen der Indexierung werden kurz beschrieben:

**Phase 0:** Grundformermittlung auf Einzelwortebene
Der Text wird in der Reihenfolge durchlaufen und wortweise nummeriert. Ebenfalls nummeriert werden Stammwortklassen und Wortformenwortklassen. Wörter, die für die Ermittlung diskontinuierlicher Wortgruppen re-

levant sein könnten, werden gekennzeichnet. Die Grundformenermittlung erfolgt aufgrund einer morphologischen Analyse.

Die Identifikation der Wörter erfolgt nach dem Prinzip des „longest matching", d.h. längere Wörter stehen in den Identifikationswörterbüchern vor kürzeren Wörtern, wenn deren Zeichenfolge enthalten ist („Druckerei" steht also vor „Drucker" und dieses Wort wiederum steht vor dem Eintrag „Druck").

**Phase M:** Mehrwortbegriffe

In diesem Schritt werden kontinuierliche Mehrwortbegriffe anhand des Mehrwortwörterbuchs identifiziert. Wortbindestrichergänzungen werden gekennzeichnet.

**Phase B:** Ermittlung getilgter Wörter

In dieser Phase erfolgt die Ermittlung getilgter Teilwörter über die in der Phase M vergebenen Kennzeichnungen.

**Phase 1:** Strukturanalyse, Stoppwortermittlung

In dieser Phase werden Stoppwörter markiert.

Die Strukturanalyse fasst die Ergebnisse der vorausgegangenen Phasen (aus den Zwischendateien) zusammen, ermittelt alternative Lemmanamen (messen, Messe), führt diskontinuierliche Verbalgruppenteile und „feste Wendungen" zusammen.

**Phase 2:** Derivation und Dekomposition, Mehrwortkontrolle

In dieser Phase werden die Einträge hinzugefügt, die durch Derivation und Dekomposition als zusätzliche Indexterme gewonnen werden.

**Phase X:** Alphabetische Sortierung

In diesem Schritt werden die erzeugten Stichwörter alphabetisch sortiert, markierte Stoppwörter, Nichtworteinträge und Dubletten eliminiert.

**Phase 3:** Aufbau der Indxierungsergebnisdatei

In dieser Phase wird durch Zusammenfassung der vorausgegangenen Schritte das Ergebnis der Indexierung erzeugt und in eine Ergebnisdatei gestellt.

**Phase G:** Aufbau der Relationendatei

In dieser abschließenden Phase wird eine Kombination der Indexierungsergebnisse mit den zugehörigen Wortrelationen vorgenommen. Die Erstellung der Relationendatei ist der Abschluss und das Ergebnis des Indexierungslaufs.

Im Anschluss an den Indexierungslauf kann im Bedarfsfall ein Übersetzungslauf vorgenommen werden, wie er in vielen kommerziellen Anwendungsfällen notwendig wird.

Das Beispiel einer Indexierung des nachstehenden kurzen Textes, mit anschließender Wiedergabe der Relationendatei soll die Funktionen von IDX verdeutlichen:

---
**Beispieltext:**
Patentschriften stehen im Mittelpunkt des Interesses der Computerhersteller.

---

Nachfolgend wird die durch IDX erzeugte Relationendatei mit (auszugsweiser) Legende aufgeführt:

1 Patentschriften → Patentschrift <6> :23: Patent <8>
1 Patentschriften → Patentschrift <6> :23 t: Schrift <6>
*2 stehen <5>
*3 im <1>
4 Mittelpunkt <7> :3 t: Punkt <7>
4 Mittelpunkt <7> :4: Mitte <6>
*5 des <1>
6 Interesses → Interesse <8> :4: interessieren <5>
6 Interesses → Interesse <8> :4: Interessiertheit <6>
*7 der <1>
8 Computerhersteller <6> :23: Computer <6>
8 Computerhersteller <6> :23 t: Hersteller <6>
8 Computerhersteller <6> :23 t: herstellen <5>
9 .

Legende:
(1) Wortform (klein); (3) Kompositum/Teilwort-Relation; (4) Derivationsrelation; (5) Infinitiv (Verb); (6) Substantiv feminin; (6) Substantiv maskulin; (6) Substantiv neutrum; (23) Kompositum/Teilwort, gewonnen durch Wortzerlegung; (t) Ergänzung zur Relationsangabe, gibt an, dass es sich um den letzten Bestandteil des Wortes handelt; (*) Markierung von Stoppwörtern

Das Indexierungssystem IDX wurde in den 90er Jahren im Rahmen zweier großer DFG-geförderter Projekte – MILOS I und MILOS II – an der Universitäts- und Landesbibliothek Düsseldorf[25] eingeführt sowie im Anschluss jeweils ausführlich durch Retrievaltests evaluiert (LEPSKY 1996a, 1998; SACHSE et al. 1998).[26]

---

[25] Inzwischen wurde das System in weiteren Bibliotheken eingeführt, z.B. der Bibliothek der Friedrich-Ebert-Stiftung (Bonn) und in der Bibliothek des Zentralinstituts für Kunstgeschichte (München); vgl. WOLTERING (2002).

[26] Über die Homepage der MILOS-Projekte ist u.a. der Zugriff auf Dokumente, Produktbeschreibungen, ausführliche Testergebnisse sowie den indexierten Bibliothekskatalog möglich: http://www.uni-duesseldorf.de/WWW/ulb/mil_home.htm. Die Informationen zum Nachfolgeprojekt KASCADE – mit einigen weiterführenden Indexierungsfunktionen – sind unter http://www.uni-duesseldorf.de/ulb/kas_home.htm auf der KASCADE-Homepage zu finden.

Im Rahmen dieser Anwendung werden bibliothekarische Katalogdaten automatisch indexiert. Bemerkenswert an dieser bibliothekarischen Anwendung ist einerseits der diskursunabhängige Einsatz der zugrunde liegenden Wörterbücher in einem inhaltlich stark heterogenen Bestand einer Universalbibliothek. Weiterhin beeindrucken die positiven Ergebnisse der Evaluierung im Rahmen zweier großer Retrievaltests (SACHSE et al. 1998), deren Zusammenfassung in den beiden folgenden Tabellen wiedergegeben ist[27] (allgemein zu Retrievaltests vgl. Kapitel 7; dort erfolgt auch eine Einführung in die Retrievalmaße Recall und Precision). Dabei sollte berücksichtigt werden, dass mit den dürftigen Katalogdaten für die Indexierung nur wenig Textmaterial für die Auswertung durch das Indexierungssystem zur Verfügung stand. Inzwischen ist dieses Verfahren in den Routinebetrieb übergegangen.

**Retrievaltest zum Projekt MILOS I:**

Im Rahmen des Projekts MILOS I wurde ein Retrievaltest mit 40.000 Datensätzen aus dem Katalog der Universitäts- und Landesbibliothek Düsseldorf und 50 Suchfragen durchgeführt. Die Resultate des Tests sind in der folgenden Tabelle 3-6 zusammengefasst, ausführlicher werden sie bei LEPSKY et al. (1996) diskutiert.

| Methode | Recall | Precision | Einheits-wert[28] |
|---|---|---|---|
| Stichwort (Freitextinvertierung) | 14 % | 59 % | 0.84 |
| Stichwort + Automatische Indexierung (IDX) | 51 % | 83 % | 0.46 |
| Stichwort + RSWK-Schlagwörter[29] (Verstichwortet) | 39 % | 83 % | 0.58 |

**Tabelle 3-6:** Ergebnisübersicht des MILOS I-Retrievaltests

---

27  Ausführlich werden die beiden Retrievaltests der Düsseldorfer MILOS-Projekte und ihre Resultate beschrieben in LEPSKY et al. 1996 und SACHSE et al. 1998. Der Bericht von SACHSE et al. enthält die Einzelergebnisse der 100 Suchfragen sowie eine Einführung in die Methodik von Retrievaltests (vgl. zu Retrievalexperimenten auch das Kapitel 7 in diesem Buch).

28  Vgl. RIJSBERGEN 1979.

**Retrievaltest zum Projekt MILOS II:**

Im Rahmen des Nachfolgeprojekts MILOS II wurde ein wesentlich erweiterter Retrievaltest mit 190.000 Datensätzen und 100 Suchfragen durchgeführt. Die Resultate sind wiederum in der folgenden Tabelle 3-7 zusammengefasst (SACHSE et al. 1998):

| Methode | "0-Treffer-Ergebnisse"[30] | Precision |
|---|---|---|
| Stichwort (Freitextinvertierung) | 15 | 0,82 |
| Automatische Indexierung (IDX) | 3 | 0,75 |
| RSWK (Verstichwortet) [31] | 30 | 0,95 |
| Basic Index | 0 | 0,803 |

**Tabelle 3-7:** Ergebnisübersicht des MILOS II-Retrievaltests

Auffällig ist zunächst der extrem niedrige Recallwert (14 Prozent) bei reiner Freitextinvertierung (Tabelle 3-6). Anlass des Projekts der Einführung automatischer Indexierung war der niedrige Recall bzw. die sehr häufigen „0-Treffer-Resultate" bei Recherchen mit konventionell gewonnenen Indextermen (manuell zugeteilte Schlagwörter, Stichwörter). Dieses Ziel wurde durch den Einsatz von IDX erfüllt: Im ersten Test (Tabelle 3-6) weisen die durch automatische Indexierung gewonnenen Indexterme den höchsten Recallwert auf (51 Prozent), bei gleichzeitig hoher Precision (83 Prozent). Im Rahmen des zweiten Retrievaltests konnten die Recallwerte nicht ermittelt werden. Die vergleichsweise niedrige Anzahl der „0-Treffer-Resultate" (3 von 100 bei automatischer Indexierung) spricht jedoch eindeutig für die Vorteile der Automatisierung.

Insgesamt konnten die Tests nachweisen, dass im konkreten Anwendungsfall das Verfahren IDX einer reinen Freitextinvertierung sowie einer manuellen Indexierung überlegen ist. Das Indexierungsverfahren befindet sich heute an der

---

29   Die RSWK („Regeln für den Schlagwortkatalog") sind ein in deutschen Bibliotheken weit verbreitetes intellektuelles Indexierungsverfahren, das bei der Anwendung sog. Schlagwortketten erzeugt.

30   Bei einer Gesamtanzahl von jeweils 100 durchgeführten Recherchen.

31   Die hohe Anzahl sog. „0-Treffer-Ergebnisse" bei manueller Indexierung nach RSWK waren einer der Hauptgründe für den Test automatischer Indexierungsverfahren in der Universitäts- und Landesbibliothek Düsseldorf.

Universitäts- und Landesbibliothek Düsseldorf und anderen Einrichtungen im Routinebetrieb.

Als Fazit der Erforschung informationslinguistischer Verfahren kann festgehalten werden, dass pragmatische Lösungen auf hauptsächlich morphologischer Ebene dominieren. Ihre Einsatzfähigkeit und ihr Nutzen für die Indexierung von Dokumenten sind durch Retrievaltests hinreichend unter Beweis gestellt.

Vor allem aber spielen informationslinguistische Verfahren eine wichtige Rolle in Kombination mit anderen Verfahrensansätzen, wobei sie in diesen Fällen eine vorbereitende Rolle einnehmen.

### 3.2.3 Evaluation informationslinguistischer Verfahren

Nachdem bislang die grundsätzlichen Möglichkeiten informationslinguistischer Verfahren diskutiert wurden, stellt sich abschließend die Frage, ob der teilweise recht hohe Aufwand ihrer Bereitstellung in einem lohnenden Verhältnis zum Nutzen steht.

> Obwohl informationslinguistische Komponenten bei der Inhaltserschließung von Massendaten eine lange Tradition haben, ist bis heute unklar, ob es sich lohnt, die verbreiteten Freitextverfahren mit ihren ergänzenden Retrievalfunktionen wie Trunkierung und Kontextoperatoren durch linguistisch begründete Teilkomponenten (z.B. die Reduktion von Wortformen auf ihre Grundformen oder eine Nominalgruppenanalyse) zu ersetzen bzw. zu ergänzen (KRAUSE et al. 1986).

Fest steht, dass der Einsatz bereits einfacher informationslinguistischer Verfahren den reinen Freitext-Varianten deutlich überlegen ist. Dies zeigen diverse Retrievaltests, u.a. im Rahmen der Projekte MILOS und PADOK. Der PADOK-Retrievaltest brachte u.a. folgendes Resultat hinsichtlich des Einsatzes von Freitextretrieval-Verfahren:

> Die Reduktion der Wortformen auf ihre Grundformen und die Kompositazerlegung lassen sich nicht ohne negative Auswirkung auf die Retrievalleistung durch Trunkierungstechniken ersetzen. In diesem Bereich scheint empirisch nachgewiesen, dass eine informationslinguistische Analyse zu besseren Retrievalergebnissen führt. (KRAUSE et al. 1986, S. 85)

Die Argumentationen der Verfechter eines Einsatzes informationslinguistischer Verfahren in Information Retrieval-Systemen lassen sich abgestuft folgendermaßen zusammenfassen (KRAUSE 1996):

a)  Gegen ein reines Freitextretrieval wird argumentiert, dass die in Retrieval-Systemen angebotenen formalen Funktionen (insbes. Trunkierung, Kontextoperatoren) die fehlerfreie Erfassung der Wortformen eines Begriffs nur unzureichend erzielen. Es ist wahrscheinlich, dass der Nutzer an einzelne Wortformen nicht denkt oder die unerwünschten Nebeneffekte der Trunkierung (Ballast) nicht erkennt bzw. berücksichtigt.

b)     Gegen Verfahren, die sich auf morphologische Analysen und Kompositazerlegung beschränken, wird eingewandt, dass diese zu kurz greifen, da sie die inhaltlichen Bezüge der Terme eines Textes nicht berücksichtigen können. Am deutlichsten wird dieser strukturelle Zusammenhang bei den Nominalphrasen. Eine Informationssuche über *Informationsdienste für die Medienbranche*, fragt nicht nach Dokumenten, die sich allgemein mit *Informationsdiensten* befassen und in irgendeinem Zusammenhang auch auf die *Medienbranche* Bezug nehmen, sondern nach Dokumenten, die beide Terme durch die Funktionswörter *für die* in einer speziellen inhaltlichen Relation enthalten.

c)     Gegen syntaktisch arbeitende Verfahren wird argumentiert, dass sie zwar strukturelle Gesetzmäßigkeiten innerhalb eines Textes abbilden, diese jedoch nicht immer mit den inhaltlichen Zusammenhängen korrelieren. So ergab die Evaluation einer automatischen Indexierung von Patentdokumenten im Projekt PADOK I, dass die Syntaxanalyse des Systems CTX nur rund 75 Prozent der im Text vorliegenden Relationen tatsächlich ermittelte, die inhaltlich mit dem komplexen Ausdruck der Suchanfrage übereinstimmten.

d)     Gegen eine Beschränkung auf die Verfahren a) bis c) wendet KUHLEN (1985, S. 7) ein:

> Der Beitrag [der morphologisch-syntaktisch-semantischen Analyse] zur Gesamtleistung – „Information bereitzustellen" – ist möglicherweise verschwindend klein, so dass es sich nicht lohnt, die vorherrschenden ad-hoc-Verfahren – bspw. [...] Kontextoperatoren anstelle syntaktischen Parsings [...] durch linguistisch begründete zu ersetzen.

Aus dieser Argumentationskette lässt sich die These herleiten, dass eine vollständige morphologisch-syntaktisch-semantisch-pragmatische Analyse, d.h. die Einbeziehung aller linguistischer Stufen, die qualitativ besten Retrievalergebnisse verspricht. Betrachtet man die linguistischen Teilbereiche Morphologie, Syntax, Semantik und Pragmatik als eine Einheit, aus der kein Bereich ohne Verlust herausgelöst werden kann, gibt es scheinbar keinen hinreichend vernünftigen Grund, dieser Vorstellung nicht zu folgen.

Es erscheint daher intuitiv einleuchtend, alle Prozesse, die bei der Informations- und Sprachverarbeitung durch den Menschen angewendet werden, möglichst komplett und in einer 1:1-Relation automatisiert in IR-Systeme abzubilden. Zugleich ist dies die konzeptionell einfachste und problemloseste Art, die Auslegung eines Informationssystems festzulegen. Es gibt andererseits keinen komplizierteren Weg, als aus dieser Auslegung einzelne Systemfunktionen herauszulösen und die getroffene Auswahl zu begründen.

Deshalb gibt es auch keinen Grund, nicht auf diese Weise vorzugehen; es sei denn, man *will* dies nicht tun oder man *kann* es nicht. Beides würde dazu führen, dass Komponenten aus dem Stufenmodell herausgelöst werden müssten. Wird aber nicht das komplette Stufenmodell mit allen Komponenten in vollem Umfang realisiert, wechselt man von der 1:1-Simulation der menschlichen Informations- und Sprachverarbeitung zum Typ der restringierten Systeme. Dann jedoch stellt sich die Frage, welche Komponenten diese Systeme enthalten sollen und wie eine solche Auswahl sinnvoll festzulegen und zu begründen ist.

Für die Realisierung kommerzieller IR-Anwendungen, beispielsweise für Knowledge Management-Tools, stellt sich die Frage, ob alle informationslinguistischen Komponenten des Stufenmodells mit den heute verfügbaren Systemen umgesetzt werden können. Für die semantischen und pragmatischen Analysen stehen keine in diesem Sinne ausgereiften Systeme zur Verfügung und werden dies auch in absehbarer Zeit nicht. Auch experimentelle Systeme decken derzeit nur einen Teil der in einem Text enthaltenen semantischen Bezüge ab. Damit muss die Indexierung zwangsläufig in einem eingeschränkten – aber realisierbaren – Rahmen ablaufen.

Dass in diesem Kontext weitergehende informationslinguistische Analysemethoden nicht nur keinen positiven Effekt im Retrieval hervorbringen, sondern sogar negative Auswirkungen haben können, zeigt beispielsweise das folgende Beispiel aus dem Projekt PADOK I.

Im Projekt PADOK I wurden drei Verfahren bzw. Systeme getestet, die im Rahmen des Deutschen Patentinformationssystems (DPI) zu verbesserten Retrievalergebnissen führen sollten (KRAUSE et al. 1986): ein reines Freitextretrievalverfahren sowie die informationslinguistischen Systeme PASSAT (Siemens) und CTX (Universität des Saarlandes). In der Evaluation des Projekts ergab sich bei umfangreichen Retrievaltests mit Daten aus dem Deutschen Patentamt (Titel und Abstract von Patentdokumenten) in Bezug auf den Recall (der Anteil der gefundenen relevanten Dokumente) folgendes Resultat:

In der Auswertung erreichte PASSAT (u.a. mit den informationslinguistischen Funktionalitäten Morphologie und Kompositazerlegung) gegenüber CTX (das System erzeugt zusätzlich komplexe Indexterme aus einer Nominalphrasenanalyse) den höheren Recall (vor allem in der Nutzergruppe Industrie). Dagegen ergab sich beim Retrieval in der mit CTX erschlossenen Datenbank ein geringerer Ballast im Rechercheergebnis (eine bessere Precision). Das Freitextretrieval erzielte bei keiner Testanordnung den ersten Rang.

Ein Industrienutzer kommentierte seine mit CTX und PASSAT gemachten Erfahrungen (KRAUSE 1996) wie folgt: Er habe sich beim Arbeiten mit der CTX-Datenbank durch das Nachdenken über die komplexen Indexterme beim Entwurf seiner eigenen Retrievalstrategien gestört gefühlt. Die komplexen Terme der CTX-basierten Indexierung, hinter der die zusätzliche Syntaxanalyse von CTX steht, verlange ein ständiges Nachdenken darüber, welche Textpassagen durch die komplexen Indexterme erfasst würden und welche nicht. Bei PASSAT sei dagegen die grundsätzliche Wirkungsweise relativ einfach nachvollziehbar und in den kognitiven Prozess des Entwurfs einer Retrievalstrategie einzubinden (KRAUSE 1996).

In diesen Aussagen wird ein Nebeneffekt des Einsatzes von CTX deutlich: Eine zusätzliche kognitive Belastung durch komplexere Verfahren, die einen potenziell positiven Effekt überlagern könnte. Wichtig ist, dass dieser Nebeneffekt nicht durch die Bedienung der Funktionalität hervorgerufen wird, sondern in der Funktionalität des Indexierungssystems selbst begründet ist. Nicht die eigentliche und für sich genommen positive Funktionalität führt das Ergebnis herbei, sondern das, was durch diese Funktionalität im Gesamtzusammenhang bewirkt wird. In diesem Gesamtzusammenhang spielt der Faktor Mensch als Teil eines Informationssystems eine wesentliche und zu selten beachtete Rolle. Für das DPI wurde letztlich das wörterbuchbasierte Indexierungssystem PASSAT von Siemens empfohlen.

Man muss somit in jeder neuen Anwendungsumgebung damit rechnen, dass informationslinguistische Komponenten Prozesse induzieren, deren Auswirkungen sich analytisch nicht mehr kontrollieren lassen. Welche Systeme mit jeweils unterschiedlich weitreichenden informationslinguistischen Komponenten „besser" sind, kann nur empirisch ermittelt werden. Dabei setzt jeder Wechsel der Textbasis neue empirische Tests voraus, ebenso wie der Wechsel anderer Parameter wie beispielsweise die Nutzergruppe usf. Wir haben hier die spezifische Ausprägung einer allgemeinen informationswissenschaftlichen Regel: Einzelkomponenten leisten im Rahmen eines maschinell gestützten Informationsprozesses nicht das, was ihre Funktionalitäten ausmachen, sondern das, was sie im Gesamtzusammenhang bewirken.

## 3.3 Pattern-Matching-Verfahren

Die Verfahren automatischer Indexierung, deren hauptsächlicher Analyseansatz auf einem Pattern-Matching (einer Mustererkennung) beruhen, sind zwar für die Forschung bereits ein interessantes Thema, in der Praxis sind sie bislang jedoch erst wenig verbreitet und erfolgreich. Dieser Verfahrensansatz besitzt für die Zukunft allerdings ein hohes Potenzial für Weiterentwicklungen, sowohl für die automatische Indexierung von Textdokumenten, als auch insbesondere für die Analyse und Erschließung von Bild-, Film- oder multimedialen Dokumenten. Im Gegensatz zu anderen Verfahren, die lediglich rein textbasiert operieren können, sind Muster potenziell auch in anderen Dokumentformen aufzuspüren und nachzuweisen. Mustererkennungsverfahren besitzen zudem den besonderen Vorteil, dass auf ihrer Grundlage so genannte lernfähige Systeme gestaltet werden können (HENTSCHEL/KÖRBER 2000), die durch das Indexierungsverhalten menschlicher Indexierer lernen, Dokumente vorab definierten Klassen zuzuordnen. Über eine Bewertung der automatischen Indexierung bzw. Klassierung durch Anwender ist durch einen permanenten Lernprozess eine stetige Verfeinerung erreichbar.

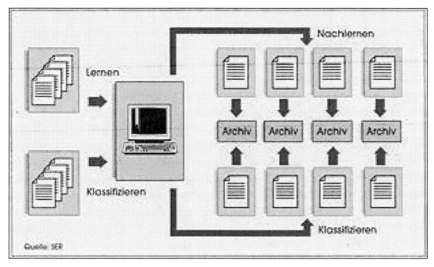

**Abbildung 3-7:** Lernfähiges System für die Kategorisierung von Dokumenten

Bezogen auf fest umrissene Diskursbereiche, ist ein Pattern-Matching ein mächtiges Analyseverfahren, um Informationen aus Texten zu filtern. Mit einer gewissen Berechtigung könnten bestimmte Ansätze des Pattern-Matching auch den informationslinguistischen Verfahren zugerechnet werden, zumal meist eine Kombination mit linguistischen Analysetechniken verfolgt wird (wie beispielsweise im unten beschriebenen System FIPRAN) bzw. die Erkennung von Mustern sich auf sprachliche Muster oder Indikatoren bezieht. Da jedoch mit dem Pattern-Matching ein durchaus andersartiger und eigener Analyseansatz verfolgt wird, sollen diese Verfahren hier gesondert behandelt werden. Andere Vertreter dieses Verfahrensansatzes – wie beispielsweise SER Brainware – analysieren den Text eines kompletten Dokuments um den Inhalt zu erfassen und definierten Klassen zuzuweisen (Das System SER Brainware könnte somit nach unserer Systematik auch den begrifflichen Indexierungsverfahren zugerechnet werden.).

Das Pattern-Matching führt einen Abgleich zwischen sprachlichen (Wort-)Mustern aus den vorliegenden Texten mit den Einträgen (Mustern) in einer Wissensbasis aus. Sie können – wie beispielsweise Brainware von SER Systems[32] – auf Neuronalen Netzen basieren. Dabei unterscheidet sich dieser Verfahrensansatz durchaus von den wörterbuchorientierten informationslinguistischen Verfahren. Zunächst besteht keine Notwendigkeit die Einträge (Schlüssel) in der Wissensbasis auf morphologische Elemente zu beziehen. Zudem sind in der zugrunde liegenden Wissensbasis über die abgelegten Schlüssel hinaus in der Regel eine Reihe von Erkennungsparametern enthalten. Neben der erfolgreichen Mustererkennung – auf der Basis vorliegender Schlüssel –, müssen überdies auch die definierten Erkennungsparameter für ein Matching erfüllt sein.

Das Volltextanalysesystem FIPRAN (FIrmen und PRodukt ANalyse) wurde entwickelt für die semi-automatische Auswertung wehrtechnischer Zeitschriftenartikel. Mit dem Einsatz von FIPRAN wird ein Ansatz verfolgt, der über eine reine Indexierung von Texten hinaus reicht. Vielmehr wird versucht, über die Kombination von Pattern-Matching und linguistischen Analysen, Informationen aus den vorliegenden Texten zu filtern. Diese Informationen werden in einer Datenbank abgelegt. Mit FIPRAN werden also aus Texten Informationen gefiltert, die anschließend in einer Datenbank zur Auswertung bereitgestellt werden. Überdies sind auch Verweise auf den Originaltext angelegt, insofern handelt es sich bei FIPRAN auch um ein Indexierungssystem. Damit wäre FIPRAN eigentlich eher den *Text Mining-Verfahren* (GOESER 1997; GOTTHARD et al. 1997; GROTHE/GENTSCH 2000; MEIER/BECKH 2000) zuzurechnen. Da die Grenzen zwischen Indexierungssystemen und Text Mining-Systemen jedoch teilweise fließend sind, wollen wir diese Unterscheidung hier nicht treffen. Ohnehin können die grundsätzlichen Methodiken beiderseits Anwendung finden. Mit dem Text Mining beschäftigen wir uns im Kapitel 5.

Die vorrangige Analyseaufgabe von FIPRAN besteht darin, Firmennamen, militärische Organisationen, Produktkategorien, Ländernamen sowie mögliche Relationen zwischen diesen Entitäten in wehrtechnischen Fachartikeln aufzufinden. Die gesuchten Relationen können bspw. Beziehungen der folgenden Form sein: FIRMA liefert PRODUKT an LAND. Für die Relationenanalyse ist die Erkennung von Präpositionen, Artikel und bestimmten Verben von Bedeutung. Die Analysegegenstände sind verschiedenen Patternklassen zugeordnet, die aus Schlüsseln, bestehend aus Zeichenfolgen, sowie einer Reihe von prüfbaren Parametern bestehen. Die nachfolgende Abbildung 3-8 zeigt ein Beispiel für die Verfahrensweise von FIPRAN nach VOLK et al. (1992):

---

32   Im Internet unter http://www.serware.de.

90

| Schlüssel | Wortanfang bündig | Wortende bündig | Über Wort-grenzen hinweg |
|---|---|---|---|
| Länder (dän) | Ja | Nein | Nein |
| Firmen (Kraus Maffay) | Ja | Ja | Ja |
| Produktkategorie (flugzeug) | Nein | Nein | Nein |
| Präposition (von) | Ja | Ja | Nein |

**Abbildung 3-8:** Beispiele für Patternklassen in FIPRAN

Die Länderschlüssel identifizieren sowohl adjektivische als auch nominale Formen:

*dän* → Dänemark, dänisch → Dänemark

Über den Schlüssel *flugzeug* würden so etwa *Flugzeug*e oder Jagd*flugzeug*e identifiziert und auf die Produktkategorie *Flugzeug* geschlossen.

Ein ähnliches Analyseverfahren wird von Lexis-Nexis innerhalb des Retrieval-Systems *Freestyle* eingesetzt (STOCK 2000). *Freestyle* verfügt über umfangreiche Schlüssellisten für die Erkennung von Firmennamen sowie Personennamen. Die Personennamen werden dabei über eine Liste englischer Vornamen erkannt, die Firmennamen über Schlüsselbegriffe wie beispielsweise Inc., Ltd., Bros., Corp., oder Corporation.

FIPRAN enthält zur Unterstützung des Pattern-Matching eine auf heuristischen Regeln basierende Komponente zur Erkennung von Textblöcken (Mehrwortgruppen), die Nominalphrasen oder Präpositionalphrasen entsprechen (Begrenzerverfahren).

Durch die folgenden sieben Regeln werden Blockgrenzen innerhalb von Texten ermittelt:

1. Bei Satzende
2. Bei Semikolon oder Doppelpunkt
3. Vor und nach Verben
4. Vor und nach Hilfsverben
5. Vor Konjunktionen
6. Vor einer Präposition

7. Vor Artikeln, wenn davor keine Präposition steht

Die auf diese Weise ermittelte Blockstruktur wird anschließend durch weitere Regeln nach vorhandenen Fakten ausgewertet. Dafür finden die folgenden drei Regeln Anwendung:

1. Treten in einem Block sowohl Länderschlüssel als auch Firmenschlüssel auf, so wird darauf geschlossen, dass dieses Land Firmensitz ist.

2. Tritt in einem Block das Schlüsselwort *Firma*, gefolgt von unbekannten Wörtern auf, so werden diese als Firmenname angenommen (z.B. ... Firma Siemens Nixdorf ...).

3. Tritt in einem solchen Block ein als Produktkategorie erkanntes Wort auf (z.B. Jagd*flugzeug*), gefolgt von unbekannten Wörtern, so wird auf einen Produktnamen geschlossen (beispielsweise: ... Jagdflugzeug Fighter 51 ...).

Die Relationen werden aufgrund auftretender Verben und erkannter Schlüsselwörter identifiziert.

Das Textanalysesystem FIPRAN leistet Aufgaben, die bereits über die reine Indexierung von Dokumenten hinaus reichen. Damit ist das System eher schon dem Text Mining zuzurechnen, mit dessen Hilfe unbekannte, aber potenziell nützliche Informationen in großen Textsammlungen entdeckt werden sollen (GROTHE/GENTSCH 2000).

Der Ansatz des Pattern-Matching wird im Rahmen der Indexierung nicht-textueller Dokumente, wie beispielsweise von Bildern, Graphiken oder Filmen, in Zukunft eine wesentlich wichtigere Rolle spielen. Die Mustererkennung scheint heute bei der Analyse von visuellen Medien der einzig wirklich Erfolg versprechende Weg zu sein. Dieses Verfahren wird beispielsweise hoch interessant, wenn es um die Suche nach visuellen Objekten im Internet geht. Auf der Erschließungsseite stellen sie die erhoffte Lösung für elektronische Bild- und Filmarchive dar.

Die Tatsache, dass auf Mustererkennungsverfahren lernende Systeme aufgebaut werden können (HENTSCHEL/KÖRBER 2000) macht solche Systeme vor allem auch für individuelle Informationsselektionsprozesse interessant, wie sie im Information Filtering typisch sind.

## 3.4 Begriffsorientierte Verfahren

Einen qualitativ wesentlich weitergehenden Versuch der automatischen Indexierungsverfahren stellen Ansätze dar, die nicht auf einer Extraktion vorhandener Textterme – mit mehr oder weniger weitreichender Bearbeitung – beruhen. Alle bislang vorgestellten Verfahren sind angewiesen auf eine gegebene Wortwahl in den vorliegenden Dokumenten. So können beispielsweise weder die statistischen noch die informationslinguistischen Verfahren erkennen, dass es sich bei den Termen „Klavier" und „Piano" um die sprachliche Repräsentation *einer Bedeutung* handelt. Informationslinguistische Ansätze erkennen zwar „Klavier" und „Klaviere" durch Rückführung der Pluralform als das gleiche Wort und statistische Verfahren berücksichtigen dies bei ihrer Berechnung der Frequenz, eine sprachunabhängige, auf Bedeutungen abhebende Analyse leisten sie jedoch nicht.

> The term automatic indexing here does refer to the process of assigning indexing terms to a document that correspond to ist content, rather than that of setting up an index for fulltext retrieval. While the latter typically contains practically all the words of a document (often plus their lemmatized forms and minus the stopwords), the former means annotating a document with only a few terms from a thesaurus or some other kind of controlled set of index terms. (GEIßLER 2000, S. 48)

Die begriffsorientierten Indexierungsverfahren abstrahieren von der gegebenen Wortwahl der vorliegenden Dokumente auf die Bedeutung der Texte. Die erkannte Bedeutung (der Inhalt) eines Dokuments wird anschließend auf eine kontrollierte Indexierungssprache abgebildet und durch deren Ausdrücke (Deskriptoren oder Notationen) repräsentiert. Als Indexierungssprachen können dabei sowohl Thesauri, als auch Klassifikationen oder Ontologien zum Einsatz kommen. Begriffsorientierte Verfahren sind damit Additionsverfahren. Insofern diese Verfahren inhalts- und nicht termzentriert arbeiten, kommen sie einer intellektuellen Indexierung näher als die Extraktionsverfahren. Tatsächlich *simulieren* die begriffsorientierten Verfahren die Arbeitsweise eines menschlichen Indexierers insofern, als sie versuchen die *Bedeutung* eines Textes zu ermitteln und durch entsprechende Indexterme diese Bedeutung zu repräsentieren (Darstellung des begrifflichen Gehalts eines Dokuments). Da jedoch auch diesen Verfahren ein wirkliches *Verstehen* – eine Inhaltsanalyse im engeren Sinne – vorliegender Dokumente nicht implementiert werden kann, muss letztlich wiederum über die Sprachoberfläche auf Bedeutungen geschlossen werden. Für diese Analyseaufgaben wird meist wiederum auf statistische und/oder informationslinguistische Methoden zurückgegriffen, wie sie früher beschrieben wurden. Die angestrebte

*Simulation* eines menschlichen Indexierers ist damit lediglich eine Simulation des Arbeitsergebnisses, nicht jedoch des eigentlichen Arbeitsprozesses zur Erreichung dieses Ergebnisses.

Die Korrelationsannahme zwischen sprachlicher Ausdrucksweise und der Bedeutung des Ausgesagten, gewinnt insbesondere bei diesen Verfahren an Gewicht, da sie explizit eine Repräsentation von Dokumenten*inhalten* anstreben auf der Grundlage sprachoberflächlicher Analysen. Die moderne sprachwissenschaftliche Position geht hingegen von der Annahme aus, die Bedeutung von Wörtern könne nur aus dem Kontext ihres jeweiligen Gebrauchs erschlossen werden (CRYSTAL 1995, S. 102). Analyseverfahren müssten im Idealfall daher den Kontext auftretender Wörter berücksichtigen. Die besprochenen statistischen Analysen erfüllen diesen Anspruch gar nicht. Informationslinguistische Methoden allein – auch weiterführende syntaxanalytische Ansätze – können kontextbedingte Bedeutungsanalysen nicht hinreichend leisten (REIMER 1992). Eine Lösung dieses Problems wird von fortschrittlichen Mustererkennungsverfahren erwartet, wie sie beispielsweise im System SER Brainware implementiert sind (vgl. dazu Abschnitt 3.3).

Im Bereich der begriffsorientierten Verfahren wird daher auch in eine wissensbasierte Richtung geforscht. Diese Analysemodelle aus dem Forschungsumfeld der Künstlichen Intelligenz zeichnen sich durch die Einbeziehung von Weltwissen aus und sind zudem in der Lage, ihre Wissensbasis selbst zu erweitern (Wissensakquisition). Ihr Einsatz reduziert die Notwendigkeit der problematischen syntaktischen Vollanalysen. Praktisch sind diese Ansätze heute noch mit dem Nachteil behaftet, nur für begrenzte und homogene Diskursbereiche geeignet zu sein, da die diskursunabhängige Implementierung von Weltwissen bislang nicht gelungen ist (LEHMANN 1988; GÖRZ 1991). Bereits für kleine Themengebiete sind diese Systeme extrem aufwändig. Gleiches gilt für Methoden des „maschinellen Lernens" in diesem offenen Kontext. In der Praxis spielen diese Ansätze daher z. Zt. kaum eine Rolle. Ein Indexierungssystem dieses Typs ist TCS (Text Categorization Shell) (KNORZ 1994). Im Bereich des Text Summarization folgt das System FRUMP (ENDRES-NIGGEMEYER 2000, S. 313-314) einem wissensbasierten Ansatz. Gleichwohl können auf weniger anspruchsvoller Basis lernfähige Systeme verwirklicht werden, die anhand einer Trainingskollektion „lernen". Ein Beispiel für entsprechende Indexierungssysteme ist das System DocCat (GEIßLER 2000).

In der Folge wollen wir uns daher auf einige „pragmatische" Ansätze und ihre jeweiligen Möglichkeiten konzentrieren. Ein probabilistisches Modell liegt dem Ansatz AIR/X zugrunde. Als eine erfolgreiche kommerzielle Anwendung ist vor allem das „categorization system" InfoSort von Profound zu nennen (MALLER 1998; STOCK 2000). Alle Profound Informationsdatenbanken werden mit

InfoSort erschlossen, Agenturmeldungen und Zeitungsartikel ausschließlich automatisch.

Ein gutes Beispiel für die Zuordnung von Dokumenten (in diesem Falle HTML-Dokumente aus dem WWW) zu den Klassen eines Klassifikationssystems ist das System GERHARD der Universität Oldenburg.

Mit DocCat befindet sich ein weiteres System dieser Art in der Pressedokumentation des Verlagshauses Gruner + Jahr (siehe die nebenstehende Fallstudie zu DocCat) im produktiven Einsatz (GEIßLER 2000). Mit AIR/X (Entwicklung der TH Darmstadt) wird im nächsten Abschnitt ein theoretisch wie konzeptionell sehr anspruchsvolles und fortgeschrittenes, Verfahren vorgestellt. Zum Abschluss dieses Kapitels wird mit GERHARD ein System ausführlicher dargestellt, dass einen pragmatischen Ansatz verfolgt und auf den „klassischen" Analysemethoden der Statistik und Informationslinguistik basiert.

---

### Fallbeispiel: Gruner + Jahr

Für die G+J Pressedatenbank werden 240 Titel / Monat ausgewertet, ca. 1200 Artikel täglich in die Datenbank übernommen. Im Jahr erhöht sich die Zahl der Artikel um 315.000. Die Indexierung bindet menschliche Ressourcen und ist mit einer spezifischen Bearbeitungsdauer zu berechnen. Für Pressedatenbanken besteht Bedarf an Tools, die Bearbeitungsroutinen vereinfachen und verkürzen, die Effizienz steigern und früheren Zugriff auf Daten erlauben.

1998 begannen G+J und die IBM ein Projekt, das die automatische Einordnung der Volltexte in Digdok-Themenbereiche und die automatische Klassifikation zum Ziel hatte. Die Klassifikation sollte als Ergebnis Deskriptoren des Thesaurus Digdok liefern, die möglichst nah am intellektuell erstellten Vorbild liegen. Im Rahmen des Projektes wurde das DocCat-System zur automatischen Textklassifikation erstellt.

G+J entschied sich nach Tests für den produktiven Einsatz. Die Rechte am System liegen seit 2000 bei der TEMIS SA (Text Mining Solutions).

Das System bietet eine Schnittstelle, über die Texte gelesen und mit Ergebnissen an die aufrufende Anwendung zurückgesendet werden.

Das System soll folgende Aufgaben bewältigen:
- Die Indexierung eines Dokumentes je Sekunde.
- Möglichst korrekte Vergabe von Deskriptoren.
- Die Vergabe von textrelevanten Schlüsselwörtern.
- Das Erkennen von Personennamen.
- Das Erkennen von Organisationsnamen.

Es zeigte sich, dass DocCat als Vorprodukt im Input der Textdokumentation eingesetzt werden sollte. D.h., die DocCat-Indexierung dient als Angebot für die intellektuelle Indexierung. Mit DocCat werden ca. 70% des Inputs bearbeitet, nach der Bearbeitung beginnt das intellektuelle Lektorat. Die Dokumentare können die Vorschläge editieren oder akzeptieren.

(Quelle: VDI/VDE-Technologiezentrum IT GmbH, Euromap Deutschland)

## 3.4.1 Beispiel: Das Verfahren AIR/X

AIR/X ist ein probabilistisches Indexierungsmodell, entwickelt im Rahmen des Projekts WAI (Wörterbuchentwicklung für automatisches Indexing) zwischen den Jahren 1978 und 1985 an der Technischen Hochschule Darmstadt unter der Leitung von GERHARD LUSTIG (LUSTIG 1986, 1989; KNORZ 1994; BIEBRICHER et al. 1988). Die Forschungsansätze dieses Modells gehen jedoch bereits zurück bis in die 60er Jahre (LUSTIG 1969). Eine erste Pilotanwendung wurde seit 1985 unter dem Namen AIR/PHYS beim Fachinformationszentrum Karlsruhe zur Indexierung der Datenbank PHYS (PHYS ist heute ein Teil der Datenbank INSPEC) betrieben. Probabilistische Modelle versuchen die Wahrscheinlichkeit einer Relevanz von Dokumenten hinsichtlich einer Frage abzuschätzen und die Dokumente nach dieser Relevanzabschätzung in ein Ranking zu bringen.

Neben der automatischen Indexierung englischsprachiger Abstracts, beinhaltet der AIR-Ansatz auch einen weitgehend automatischen Aufbau der zur Indexierung benötigten Wörterbücher. Die Voraussetzung dafür ist, dass bereits eine umfangreiche Kollektion mit manuell indexierten Dokumenten vorliegt, aus dem das automatische Verfahren „lernen" kann, d.h. entsprechende Wörterbuchrelationen aufbauen kann.

Eine Indexierung läuft nach dem AIR-Ansatz im Wesentlichen in den folgenden Schritten ab:

1. Die Erkennung aller in einem Abstract enthaltenen Terme, die einen relevanten Begriff darstellen könnten.

2. Die Auswahl der Terme, die tatsächlich einen relevanten Begriff darstellen.

3. Die Repräsentation dieser Begriffe durch Deskriptoren des Thesaurus.

Im ersten Schritt werden alle auftretenden Terme eines Abstracts mit einem Wörterbuch verglichen. Das Wörterbuch von AIR besteht aus Termen (Einzelwörter und Mehrwortgruppen) und dem kontrollierten Vokabular eines Thesaurus (Deskriptoren). Zwischen den Termen und den Deskriptoren des Thesaurus bestehen verschiedenartige Relationen:

- Deskriptor-Deskriptor-Relation
- Term-Deskriptor-Relation (Use)
- Term-Deskriptor-Relation auf Grundlage der statistischen Relation Z (s.u.)

Im Zuge der Indexierung eines Dokuments wird zunächst für jeden Term des Textes geprüft, ob im Wörterbuch eine Relation auf einen Deskriptor eingetragen ist. Diese Informationen werden gesammelt. Nicht jede Relation zwischen einem Term und einem Deskriptor bedingt automatisch bereits eine Zuteilung des Deskriptors. Im zweiten Indexierungsschritt werden nicht-relevante Begriffe erkannt. Die Zuteilungsentscheidung beruht auf einer Berechnung der *Wahrscheinlichkeit* (probabilistischer Ansatz), dass ein Deskriptor s zuzuteilen ist, wenn ein Term t im Dokument auftritt.

An diesem Ansatz wird die Problematik der Simulation eines menschlichen Indexierers deutlich: Ein Indexierer entscheidet nach einer auf einem Verstehensprozess basierenden Inhaltsanalyse, während das automatische Verfahren AIR die Entscheidung einer Zuteilung von Deskriptoren am Vorhandensein bestimmter Textterme im Dokument festmacht. Die Analyse des AIR-Verfahrens beruht auf statistischen und heuristischen Ansätzen (LUSTIG 1989), nicht auf dem Verständnis des Inhalts eines Dokuments. Die wichtigste Analysefunktion ist dabei die statistisch ermittelte Relation Z. Die folgende Beschreibung der Ermittlung der Relation Z ist übernommen von LUSTIG (vgl. dazu auch SCHWANTNER 1987): LUSTIG (1989, S. 142) nennt als entscheidende Funktion

> die Generierung der gewichteten Relation Z, die beliebige – d.h. einfache oder zusammengesetzte – Fachausdrücke mit Deskriptoren verbindet. Sie beruht auf dem auf einer möglichst großen Menge D intellektuell indexierter Dokumente berechneten Assoziationsfaktor

$$z(t,s) = \frac{h(t,s)}{f(t)}$$

wobei

| | |
|---|---|
| $f(t)$ | die Anzahl der Dokumente, in deren Referatetext der Fachausdruck t vorkommt, und |
| $h(t,s)$ | die Anzahl derjenigen unter diesen Dokumenten, denen der Deskriptor s intellektuell zugeteilt ist, bezeichnet. |

$z(t,s)$ kann als Näherung für die bedingte Wahrscheinlichkeit, dass ein bestimmter Deskriptor s zuzuteilen ist, wenn ein Term t auftritt, interpretiert werden. Z-Werte, für die $h(t,s)$ bzw. $z(t,s)$ sehr klein ist, sind statistisch sehr unsicher bzw. tragen zur Indexierungsentscheidung kaum bei.

In einer Beschreibung von G. LUSTIG aus dem Jahre 1969 (S. 250) wird die Bezugnahme auf frühere Forschungen im Rahmen einer europäischen kerntechnische Dokumentation deutlich:

> Dieser Ansatz wurde von CETIS[33] wie folgt verallgemeinert. Man geht aus von einer Kollektion von Referaten und den zugehörigen manuellen

---

33  CETIS war eine europäische Forschungsanstalt für die wissenschaftliche Datenverarbeitung.

Schlagwortzuteilungen im System ENDS[34]. Für einen beliebigen in den Referaten vorkommenden Ausdruck E und ein beliebiges Schlagwort D bezeichnen

- f(E)    die Anzahl der Referate, in denen E vorkommt und

- h(E,D)    die Anzahl der Referate, denen *außerdem* der Ausdruck D als Schlagwort zugeteilt worden ist.

Dann wird durch

$$z(E,D) = \frac{h(E,D)}{f(E)}$$

angenähert die Wahrscheinlichkeit dargestellt, dass im EURATOM-System das Schlagwort D zugeteilt wird, wenn das Wort E in dem Referat vorkommt. Mann kann dann für alle hinreichend großen Werte von z(E,D) eine Relation E→D in das Wörterbuch aufnehmen und einen in dem Referat identifizierten Ausdruck $E_0$ als relevant ansehen, wenn es wenigstens eine solche Relation $E_0$→D gibt.

Auf dieser Relation Z beruhen in der nachfolgend näher beschriebenen Pilotanwendung des AIR-Verfahrens, AIR/PHSY, rund 57 Prozent der Wörterbucheinträge! Damit ist die Relation Z das zentrale Analysemittel im Indexierungsverfahren AIR.

### 3.4.1.1 Die Pilotanwendung AIR/PHYS

Die Pilotanwendung des AIR-Verfahrens war die Indexierung für die Datenbank PHYS (heute Teil von INSPEC) beim Fachinformationszentrum Karlsruhe (FIZ Karlsruhe). Dabei wurden zunächst in einem Pilotprojekt, anschließend im Routinebetrieb, auf der Basis englischsprachiger Abstracts Dokumente aus dem Fach Physik für die Datenbank PHYS indexiert. Die Pilotphase wurde durch einen Retrievaltest begleitet (s.u.).

Das Indexierungswörterbuch enthält rund 200.000 Terme (einschl. der 22.700 Deskriptoren des verwendeten Thesaurus), 190.000 Relationen zwischen zwei Deskriptoren und 620.000 Relationen zwischen beliebigen Termen und den Des-

---

34  EURATOM Nuclear Documentation System.

kriptoren, letztere hauptsächlich über die bereits beschriebene Relation Z ermittelt.

Um die Relation Z berechnen zu können, wird eine große Anzahl bereits manuell indexierter Dokumente benötigt (s.o.). Für die Pilotanwendung AIR/PHYS gingen 400.000 Dokumente in die Auswertung ein. Von den 22.700 Deskriptoren des Thesaurus konnten auf dieser Grundlage jedoch nur für ca. 10.000 Deskriptoren die entsprechenden Z-Werte berechnet werden! Damit konnte für mehr als die Hälfte der Deskriptoren die wichtigste Relationierung nicht ermittelt werden (SCHWANTNER 1987).

### Der Indexierungsvorgang

Der Indexierungsprozess besteht aus einem *Beschreibungsschritt* und einem anschließenden *Entscheidungsschritt*. Der Beschreibungsschritt besteht aus der Textaufbereitung durch die Eliminierung von Stoppwörtern, eine Grundformenermittlung und Mehrworterkennung, einer Formelerkennung und -transformation (Formeln werden in normierte Terme umgesetzt) sowie der Erstellung von Relevanzbeschreibungen. Im zweiten Schritt, dem Entscheidungsschritt, werden aus der Relevanzbeschreibung die Gewichtungen errechnet. Liegt die Gewichtung für einen Deskriptor über einem zu definierenden Schwellenwert, so wird er zugeteilt.

Da alle Dokumente im Anschluss an die automatische Indexierung intellektuell klassiert werden, findet bei dieser Gelegenheit eine Überprüfung der automatischen Indexate statt. AIR/PHYS erstellt durchschnittlich 12 Deskriptoren pro Dokument, gegenüber neun Deskriptoren die vor seinem Einsatz auf manuellem Wege zugeteilt wurden (SCHWANTNER 1987).

Etwa ein Drittel der einem Dokument zugeteilten Deskriptoren wird in diesem Nachbearbeitungsgang wieder gestrichen, da es sich um Fehlzuteilungen handelt. Etwa gleichviel Deskriptoren werden durch den Indexierer neu zugeteilt, da diese Aspekte durch den automatischen Indexierungsvorgang nicht erkannt wurden. In der Praxis der Pilotanwendung ist AIR damit als semi-automatisches Verfahren eingesetzt.

### Der Retrievaltest

Das Pilotprojekt am Fachinformationszentrum Karlsruhe wurde durch einen Retrievaltest begleitet, wobei einer Kollektion von 15.000 Dokumenten aus der Datenbank PHYS 300 Originalfragen unterzogen wurden (LUSTIG 1986, 1989; BIEBRICHER et al. 1986). Dabei wurden jeweils die Werte für den Recall (r) und die Precision (p) der automatischen Indexierung und der intellektuellen Indexierung ermittelt (allgemein zu Durchführung und Problemen von Retrievaltests vgl. Kapitel 7):

Durchschnittswerte der
*automatischen* Indexierung:                    p = 0,46; r = 0,57

Durchschnittswerte der
*intellektuellen* Indexierung:                    p = 0,53; r = 0,51

Damit zeigen beide Verfahren kaum signifikante Unterschiede hinsichtlich der Retrievalleistung. Der Einsatz von AIR erzeugt eine etwas höhere Recallrate, was auf die gesteigerte Anzahl zugeteilter Deskriptoren zurückgeführt werden kann. Gleichzeitig wird eine niedrigere Precision ermittelt, erklärbar durch die teilweise falsch zugeordneten Deskriptoren durch AIR. Das Verfahren AIR hat damit den Nachweis erbracht, manuellen Indexierungsverfahren gleichwertig, wenn auch nicht überlegen – zu sein.

### 3.4.1.2 AIR/dpa

Die Anpassung und Übertragung des AIR-Verfahrens im bisher beschriebenen Umfang scheint für andere Anwendungen kaum möglich, da ein zu hoher Aufwand für die Vorbereitung der Indexierung (Training des Systems) notwendig ist.

Reduzierte Anforderungen und Voraussetzungen könnten den Ansatz jedoch durchaus auch für weitere Anwendungen interessant werden lassen, da so auch die notwendigen Vorbereitungen reduziert würden. In einer Untersuchung an der Fachhochschule Darmstadt wurde eine sehr grobe Kategorisierung von Nachrichtenmeldungen der Deutschen Presse-Agentur (dpa) durch AIR erprobt (BRILMAYER et al. 1997). Dabei waren lediglich 40 Klassen zu berücksichtigen, beispielsweise:

| Kürzel | Name | Kürzel | Name |
|--------|------|--------|------|
| INLA | Inland | SOZP | Sozialpolitik |
| IPLO | Innenpolitik | HIST | Geschichte |
| JUST | Justiz | WETT | Wetter |
| KULT | Kultur | WIFI | Wirtschaft, Finanzen |
| APOL | Aussenpolitik | MILT | Militär |
| INDU | Industrie | ENER | Energie |

**Tabelle 3-8:** Beispielkategorien der dpa-Systematik

Einer dpa-Nachrichtenmeldung können mehrere dieser Kategorien zugeteilt werden.

Da zudem zunächst ausschließlich Substantive, Adjektive, Verben und Eigennamen als Terme berücksichtigt wurden, hielt sich der Aufwand für die Berechnung der Z-Relation für das Wörterbuch in weitaus engeren Grenzen als in der Pilotanwendung AIR/PHYS im FIZ Karlsruhe. Die Nachrichtenmeldungen wurden mit dem Programm GERTWOL (HAAPALAINEN/MAJORIN 1995), einem System für die morphologische Analyse der deutschen Sprache, insbesondere für die Wortformerkennung, analysiert.

Ein Beispiel für die Indexierung mit AIR/dpa wird anhand der folgenden Meldung besprochen:

---

Mehrheit der Brandenburger hält PDS für regierungsfähig

Potsdam (dpa) – Gut zwei Drittel der Brandenburger halten die PDS für regierungsfähig, auch wenn 59 Prozent sie niemals wählen würden. Dies ergab eine Infas-Umfrage im Auftrag der „Märkischen Allgemeinen" im Dezember 1995 unter 500 Brandenburgern. Bemerkenswert ist, das die PDS bei jüngeren Wählern deutlich besser ankommt als bei älteren: Während der Umfrage zufolge 75 Prozent der Brandenburger über 65 Jahre die PDS niemals wählen würden, sind dies bei den bis zu 34jährigen nur 57 Prozent und bei den 35- bis 65jährigen sogar nur 56 Prozent.

Die PDS werde von 61 Prozent als Integrationsfaktor in Ostdeutschland für notwendig gehalten. Von den Befragten meinen zudem 52 Prozent, die PDS werde von den anderen Parteien unfair behandelt.

---

Die aus der Beispielmeldung extrahierten Terme und ihre informationslinguistische Analyse (in Auswahl) und Aufbereitung:

**Ostdeutschland:**      ost ostdeutschland deutsch land deutschland

**Parteien:**      partei

**PDS:**      pds

**regierungsfähig:**      regierungsfähig regierung

Das Ergebnis der automatischen Indexierung mit AIR/dpa wird in der folgenden Abbildung 3-9 dargestellt. Für die Beispielindexierung wird ein Schwellenwert von 0.5 eingeführt. Oberhalb der gestrichelten Linie sind die Deskriptoren ausgewiesen, die den Schwellenwert überschritten haben.

| | Deskriptor | Gewichtung |
|---|---|---|
| | INLA | 0.649819 |
| Schwellenwert: 0.5 | IPOL | 0.548205 |
| | PART | 0.385417 |
| | PERS | 0.312776 |
| | JUST | 0.230031 |

**Abbildung 3-9:** Beispiel einer Indexierung mit AIR/dpa

Die intellektuelle Indexierung des Beispieldokuments bei der dpa ergab eine Zuordnung zu den folgenden drei Klassen:

INLA – Inland
IPOL – Innenpolitik
PART – Parteien.

Eine automatische Indexierung mit AIR/dpa ermittelt in diesem Beispiel die gleichen drei Kategorien mit der höchsten Gewichtung, die Klasse PART wurde lediglich aufgrund des definierten Schwellenwertes nicht zugeteilt.

BRILMAYER et al. (1997) kommen in ihrer Untersuchung zu dem Schluss, dass AIR mit verminderten Eingangsvoraussetzungen – wie im Testfall der dpa – durchaus ein mit guten Erfolgsaussichten einzusetzendes Indexierungsverfahren darstellt.

### 3.4.2 Beispiel: GERHARD

GERHARD[35] (GERman Harvest Automated Retrieval and Directory) ist ein Web-basiertes Informationssystem für den Nachweis deutscher wissenschaftlicher WWW-Seiten (z.Zt. nur HTML-formatierte Dokumente). Die durch den Harvest Gatherer gesammelten und nachgewiesenen Seiten werden automatisch einer oder mehreren Klassen der Universellen Dezimalklassifikation (UDK) zugeordnet. Die Such- und Navigationsprozesse basieren auf diesem Klassifikationssystem. Die folgende Darstellung der automatischen Indexierungsprozesse in GERHARD folgt teilweise einer im Studiengang Informationswirtschaft der Fachhochschule Stuttgart verfassten Diplomarbeit von CARMEN KRÜGER (1999).

Die Dokumente werden mit einer Version des Harvest Summarizer analysiert, der ein Parsing durchführt und die Dokumente anschließend in einer strukturierten Form (SOIF) speichert.

Das eigentliche Verfahren der automatischen Indexierung in GERHARD basiert auf informationslinguistischen und statistischen Methoden (MÖLLER et al.

---

35 GERHARD steht im Internet unter http://www.gerhard.de zur Verfügung.

1999). Ziel dabei ist es, den Inhalt der Dokumente auf die UDK abzubilden und damit eine Klassifikation der Dokumente zu erreichen.

Der GERHARD-Indexierungsprozess besteht aus den folgenden Verfahrensschritten:

- Erstellung eines UDK-Lexikons
- Aufbereitung der zu indexierenden (klassierenden) Dokumente
- Analyse der Notationen

Die UDK wurde dabei zunächst für eine Abbildbarkeit der Dokumente auf die Einträge überarbeitet. Dafür waren bspw. Klassenbenennungen der Form „Übersetzungen / Technische u. naturwissenschaftliche" zu wandeln in „Technische und naturwissenschaftliche Übersetzungen", Aufzählungen waren auf Einzelbegriffe zurückzuführen, die auf ihre entsprechende Notation verweisen. Umlaute wurden normiert sowie eine einheitliche Kleinschreibung eingeführt.

Nach den notwendigen Überarbeitungen haben die Einträge im UDK-Lexikon die folgende Form:

Natürlichsprachlicher_Schlüssel Trennsymbol Notation

Es folgen zwei Beispiele (# = Trunkierungszeichen) für diese Form der Lexikoneinträge:

    Esperanto:        =089.2
    Umwelt# frau#:   396,5.00.504

Die zu indexierenden HTML-Seiten werden zunächst analog der UDK-Einträge aufbereitet (Kleinschreibung, Umlaute). Anschließend werden die Terme des Dokuments durch ein iteratives look-up von Präfixen analysiert (morphologische Wortformenanalyse). Dafür werden die Programme GERTWOL für die deutsche Sprache und ENGTWOL für die englische Sprache eingesetzt. Dabei wird jeweils das längste Präfix gesucht und als Ergebnis geliefert. Die Textanalyse liefert so eine bestimmte Anzahl von Übereinstimmungen mit den Einträgen im UDK-Lexikon und ermittelt auf diese Weise passende Notationen für das Dokument. Diese werden – zusammen mit Angaben über die Häufigkeit des Auftretens der jeweiligen Begriffe – an die auf statistischen Methoden basierende Analyse der Notationen weitergegeben. Dabei wird die strukturelle Transparenz der Notationen der UDK ausgenutzt, die sich direkt für die Bewertung der Relevanz einzelner Notationen ausnutzen lässt (Voß/GUTENSCHWAGER 2001). Die Sicherheit der Zuordnung eines Dokuments zu einem Themenbereich steigt mit der Anzahl der vorliegenden Notationen mit einem gemeinsamen „Notations-

Präfix". Je länger dieser Präfix ist, desto spezifischer ist die Klassifizierung. Beide Faktoren werden miteinander verrechnet (WÄTJEN et al. 1998).

Notationen, die aufgrund der Titelanalyse vergeben werden, gehen mit einem höheren Relevanzwert in die Berechnung ein, als Notationen, die aus der Analyse des restlichen Dokumententextes gewonnen werden. Der Relevanzfaktor gibt an, wie exakt die Zuordnung eines Dokuments zu einer Klasse der UDK ist. Durch dieses Ranking wird erreicht, dass die für eine Klasse relevanteren Dokumente vor den weniger relevanten positioniert werden (zum Relevance Ranking siehe Abschnitt 6). Die folgende Abbildung 3-10 zeigt die Architektur der linguistisch-basierten UDK in GERHARD (nach MÖLLER et al. 1999).

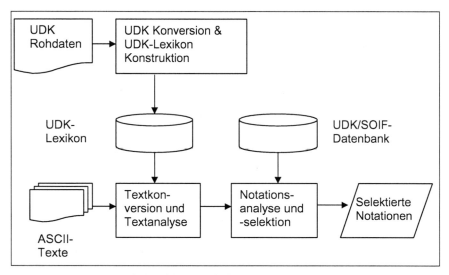

**Abbildung 3-10:** Architektur der linguistisch-basierten UDK in GERHARD

VOß/GUTENSCHWAGER (2001) sprechen von einer bis zu 80 prozentigen Korrektheit bei der Zuordnung von Dokumenten zu den Klassen der UDK. Ein unabhängiger, am Studiengang Informationswirtschaft der Fachhochschule Stuttgart durchgeführter, Retrievaltest[36] ergab, dass 83,75 Prozent der Dokumente durch die automatische Indexierung der jeweils richtigen Klasse der UDK zugeordnet werden. Dabei wiesen die 20 untersuchten Klassen jedoch erhebliche Schwankungen in der zuverlässigen Klassifizierung auf. Auffallend war, dass sich die falschen Zuordnungen insbesondere in zwei der untersuchten 20 Klassen extrem häuften. So wurden beispielsweise der Klasse „Optionen (Börsenwesen)" viele

---

36  Der Retrievaltest wurde von CARMEN KRÜGER im Rahmen ihrer Diplomarbeit durchgeführt, vgl. KRÜGER 1999.

Dokumente aus der Informatik zugeordnet, die den Ausdruck „Option" enthielten. Insgesamt konnten die Fehlzuordnungen hauptsächlich auf falsch interpretierte Homonyme zurückgeführt werden.

Das Verfahren der automatischen Indexierung von GERHARD stellt einen interessanten Ansatz dar, Internet-Ressourcen einer Erschließung zu unterziehen. Dabei zeigt der durchgeführte Retrievaltest, dass die angewendete Verfahrensweise zu guten Resultaten führt. Die Übertragbarkeit des Verfahrens auf andere Anwendungsgebiete, auch unter einer Verwendung anderer Klassifikationen, scheint gegeben.

# 4. Keyphrase Extraction

**Lernziele**

Nach der Bearbeitung dieses Kapitels sollten Sie
- Möglichkeiten und Grenzen der automatischen Zusammenfassung von Texten kennen,
- die Arbeitsweise eines Keyphrase Extraction beschreiben können,
- Aufgaben im Umfeld betrieblicher Informationsarbeit nennen können und
- die Ergebnisse automatischer Textzusammenfassungen beurteilen können.

Z

## 4.1 Einführung

Eine Zwischenstufe auf dem Weg von der automatischen Indexierung hin zur automatischen Generierung textueller Zusammenfassungen (Automatic Text Summarization) stellen Ansätze dar, die Schlüsselphrasen aus Dokumenten extrahieren (Keyphrase Extraction). Die Grenzen zwischen den automatischen Verfahren der Indexierung und denen des Text Summarization sind fließend. Die Extraktion von Schlüsselphrasen kann sowohl der Indexierung dienen, als auch der Aufgabe, Dokumente in einem Abstract zusammenzufassen. Entsprechende Software kann daher häufig für beide Aufgaben herangezogen werden (wie der unten beschriebene Extractor). Ebenfalls fließend sind die Grenzen zur Informationsextraktion (Information Extraction (IE); vgl. beispielsweise NEUMANN 2001, EIKVIL 1999). Beim Information Extraction geht es um die Identifizierung von Fakten in Texten und deren Zuordnung zu einem formalen Modell (ABECKER et al. 2002). Information Extraction werden wir in Kapitel 5 behandeln.

Text Summarization ist ein Sammelbegriff für verschiedene Anlässe und Verfahren der Zusammenfassung von Texten. SPARCK JONES (1997, S. 218) definiert ein Summary wie folgt:

**Definition *Summary:*** „A summary text is a derivative of a source text condensed by selection and/or generalization on important content".

D

Eine Form einer solchen Zusammenfassung sind die Abstracts, die in Fachdatenbanken der kurzen Inhaltsangabe von (wissenschaftlicher) Fachliteratur dient. Ihr Anlass ist i.d.R. die Rationalisierung der wissenschaftlichen Informationsversorgung.

**Definition *Abstract*:** Ein Abstract (dt.: Referat) ist eine kurze und klare Darstellung des Inhalts eines Dokuments (oder eines Teile davon) mit wesentlichen

D

Angaben, das die Möglichkeit bietet festzustellen, ob die Heranziehung des Dokumentes zweckmäßig ist.

Den Prozess der Erstellung von Abstracts bezeichnen wir als *Abstracting* (KUHLEN 1997b).

Anwendungen der automatischen Zusammenfassung von Texten bzw. der Identifikation von Schlüsselphrasen spielen eine zunehmend bedeutendere Rolle im betrieblichen Wissensmanagement (MARWICK 2001, S. 824), da sie geeignet sind durch eine Zusammenfassung wesentlicher Inhalte eine Entscheidungsgrundlage hinsichtlich der Relevanz der Dokumente anzubieten. MARWICK (2001) führt Studien an die belegen, das Nutzer von IR-Systemen *ohne* Summaries rund 24 Prozent der gefundenen Dokumente einer Suche auf ihre Relevanz prüfen während Nutzer von IR-Systemen *mit* Summaries lediglich rund 3 Prozent der Dokumente einsehen.

Text Summarization[37] (MANI/MAYBURY 1999, ENDRES-NIGGEMEYER 1994, 1998) in einem fortgeschrittenen Sinne strebt die Zusammenfassung und Wiedergabe des Bedeutungsgehalts eines Dokuments durch einen kohärenten Text an. SPARCK JONES (1999) charakterisiert diesen Ansatz als *fact extraction*. Die Wiedergabe der Fakten, die im Originalbeitrag dargestellt werden, erfolgt durch die Generierung eines neuen, kohärenten und zusammenfassenden Textes. Diese Ansätze sind mit einer Vielzahl komplexer Probleme behaftet, bspw. des automatischen „Textverstehens" und der automatischen Produktion von Texten. Dem Summarization-Prozess als einem besonderen kognitiven Verstehens- und Kommunikationsprozess (ENDRES-NIGGEMEYER 1998) wird in diesen Ansätzen jedoch versucht Rechnung zu tragen. Systeme dieser Zielsetzung entstammen häufig der Forschung auf dem Gebiet der Künstlichen Intelligenz, die neben linguistischen oder statistischen Methoden der Analyse zusätzlich über eine Wissensbasis des Anwendungskontextes („Weltwissen") verfügen. Beispiel für ein solches System ist das von KUHLEN (1997) beschriebene TOPIC/TWRM-TOPOGRAHIC.

Zusammenfassungen, die hingegen auf der Basis von *text extraction* beruhen, versuchen durch unterschiedliche Analyseschritte Schlüsselsätze, keyphrases oder Topic-Sätze im Originalbeitrag zu identifizieren, um diese anschließend extrahieren zu können. Die Analyseverfahren beruhen auf formalen, nicht inhaltlichen Ansätzen. Die Zusammenfassungen entstehen durch die Aneinanderreihung der ermittelten und extrahierten Textpassagen. Kohärente Texte entstehen auf diese Weise nur in einem begrenzten Sinne. Diese Form des Text Summarization bzw. Abstracting ist der historisch ältere, praktisch beherrschte und daher in der

---

37 Ausführliche Informationen – insbes auch zu Software – zum Thema Automatic Text Analysis können auf der „Text Analysis Info Page" (http://www.textanalysis.info) von Harald Klein abgerufen werden.

Praxis auch weitgehend verbreitete Ansatz. Die Forschung verfeinert diesen Verfahrensansatz weiterhin (ENDRES-NIGGEMEYER 1998, S. 333).

Diesen schon klassischen Ansatz des Summarizing bietet bspw. Microsoft's Textverarbeitungsprogramm Word ab der Version 97 mit der Funktion AutoZusammenfassung an (TURNEY 1997). Diese Funktion identifiziert „wichtige Sätze" und gibt diese als automatisch erstellte Zusammenfassung aus. Der Anwender kann dabei festlegen, welchen Umfang diese AutoZusammenfassung annehmen soll (prozentual im Verhältnis zur Länge des Originaldokuments oder als Angabe über die Anzahl der Sätze).

Das hier wiedergegebene Beispiel einer Zusammenfassung wurde mit der Funktion AutoZusammenfassung des Textverarbeitungsprogramms Word erzeugt:

> Because of that an important element in most knowledge management programs is the identification of personal and organizational knowledge.
> To identify knowledge it is necessary to create a codified and organized form of it. Knowledge codification is the representation of knowledge such it can be accessed by each member of an organization.
> An excellent way to codify knowledge is to visulize it. Visualing knowledge of an organization leads to knowledge maps (see knowldgWORKS News, Volume 1 Number 5). „What knowledge is important to do your companies work?" is the starting question of each knowledge mapping project.
> The creation of knowledge maps isn't an information technology project mainly! First of all it is a project of analyzing and systematizing knowledge resources and knowledge driven processes. To identify important knowledge and knowledge-based processes in your company is the starting point of each knowledge codification project.
> Knowledge cartographers should pay attention to how knowledge is categorized.
> In addition to the guiding function knowledge maps also support the identification of knowledge gaps in a company.
> Not collecting and storing but using knowledge is the aim.

Der obenstehende Text ist die AutoZusammenfassung (25 Prozent des Originalbeitrages) eines kurzen Artikels mit dem Titel „Knowledge Codification"[38]. Das Summary vermittelt einen guten Eindruck über den Inhalt des Originals,

---

38  Den kompletten Originalbeitrag finden Sie im Internet unter http://www.iuk.hdm-stuttgart.de/nohr/publ/KWN.pdf

offensichtlich lässt der Text jedoch sowohl in Hinsicht auf Kohäsion als auch Kohärenz einige Wünsche offen. Besonders augenfällig wird dies bereits im ersten Satz der Zusammenfassung. Hier wird offensichtlich Bezug auf eine frühere Aussage genommen („Because of that ...“), ohne dass diese Aussage integriert oder angeführt wird.

Diese Form der Zusammenfassung textueller Dokumente beruht auf formalen Analyseschritten. Erste statistische Ansätze gehen wiederum auf H.P. LUHN (1958) zurück (ENDRES-NIGGEMEYER 1998, S. 304-306). Aufbauend auf bekannte statistische Analyseansätze (bspw. dem Termhäufigkeitsansatz) wird die Konzentration signifikant häufiger Terme in einem Satz ermittelt. Dabei wird angenommen, dass inhaltlich wichtige Sätze eine hohe Konzentration signifikanter Terme aufweisen werden.

Eine solche Ermittlung bedarf wiederum einer informationslinguistischen Vorbearbeitung, da eine Reduktion auf Grund- oder Stammformen für die statistischen Häufigkeitsanalysen auch in dieser Anwendung das Resultat bedeutend verbessern können (Bereits LUHN sah 1958 in seiner Verfahrensbeschreibung ein stemming vor!). Sätze mit einer hohen Konzentration solcher Terme gelten als signifikant für den Inhalt des Dokuments. Diese Sätze werden aus dem Original *extrahiert* und in das Summary eingestellt. Die Anzahl der Sätze kann beispielsweise durch eine Festlegung der Länge der Zusammenfassung begrenzt werden, i.d.R. prozentual zum Originaldokument

Andere bzw. ergänzende Extraktionsmethoden gründen ihre Analyse auf bestimmte Indikatoren die geeignet erscheinen, für den Inhalt signifikante Sätze zu identifizieren (EULER 2001). So werden bspw. Schlüsselwörter oder Signalwörter definiert oder bestimmte Phrasen als Indikatoren für solche inhaltswichtigen Sätze angesehen. Solche Phrasen (cue phrases) könnten bspw. sein: „Der Zweck dieses Artikels ...“, „Dieser Aufsatz behandelt ...“ oder „This paper reviews ...“. Sätze, die diese Indikatoren enthalten, werden extrahiert oder als Kandidaten für eine Extraktion angesehen. Als Schlüsselwörter am Beginn eines Satzes können beispielsweise „Zusammenfassend ...“ oder „Finally ...“ definiert werden. Statistische Häufigkeitsansätze und die Identifizierung von Indikatoren können bei der Extraktion in ergänzender Weise eingesetzt werden. Kandidatensätze, die entsprechende Indikatoren aufweisen, werden in einem nachfolgenden Analyseschritt mit statistischen Verfahren weiter analysiert.

Mit begrenzter Zuverlässigkeit lassen sich auch bestimmte „Topic-Sätze“ aus Texten extrahieren. Dabei wird aus der Stellung eines Satzes im Text auf seine inhaltliche Bedeutung geschlossen: Kapitelüberschriften, Kapitelanfänge, Kapitelende, Bildunterschriften usf. werden aufgrund ihrer Stellung als signifikanter für den Inhalt eines Textes angesehen (KUHLEN 1997). Diese Form der Auswertung bedarf jedoch einer Auszeichnungssprache für die Struktur eines Dokuments wie sie beispielsweise durch SGML, XML oder in eingeschränkter Weise auch durch HTML angeboten wird. SGML und XML bedienen sich einer Document Type Definition (DTD), die logische Elemente eines Textes und deren Reihenfolge definiert (RIGGERT 2000). Ausgezeichnete Dokumente können strukturabhängig ausgewertet werden, d.h. einzelne Elemente eines Dokuments können identifiziert und semantisch interpretiert werden. Dieser Auswertung liegt die Annahme zugrunde, dass bestimmte Passagen von Texten eine in inhaltlicher Hinsicht höhere Bedeutung und Aussagekraft haben als andere. So wird beispielsweise angenommen, dass am Anfang eines Abschnitts oder eines Kapitels das Thema eingeführt wird und am Ende von Kapiteln eine Zusammenfassung gegeben wird. Beide Textpassagen besitzen i.d.R. eine höhere und konzentrierte Aussagekraft für den Inhalt eines Dokuments.

Die extrahierten Sätze werden nach diesen Verfahren in der Reihenfolge ihres Auftretens im Originaldokument ausgegeben, sie stehen allerdings meist unverbunden zusammen. Summaries in diesem Sinne fehlt weitgehend die Textkohärenz.

Extraktionssysteme der jüngeren Generation sind z.T. lernfähige Systeme, d.h. sie besitzen die Fähigkeit aus der Analyse von Dokumenten ihre Extraktionsfähigkeit zu verbessern. Diese Funktion ermöglicht es Anwendern, Extraktionssysteme anhand typischer Textkorpora, intellektuell erstellter Abstracts sowie Relevanzentscheidungen hinsichtlich ihrer konkreten Bedürfnisse zu trainieren. Ein typisches und in seiner Funktionalität ausgereiftes Beispiel für solche Systeme ist der Extractor des National Research Council of Canada (NRC) (TURNEY 1999, 2000)[39].

Automatisches Abstracting als ein spezielles Anwendungsfeld für die Verfahren des Automatic Text Summarization wird u.a. von KUHLEN (1989) und PAICE (1990) behandelt. Das menschliche Referieren bzw. Abstracting kann kaum als Vorbild für automatische Verfahren dienen, da dieser kognitive Prozess wohl letztlich nicht abbildbar ist. Daher sind an die Resultate einer automatischen Zusammenfassung letztlich auch andere Anforderungen zu stellen.

Alle neueren und weitergehenden Ansätze unter Einbeziehung wissensbasierter Verfahren sowie kognitionswissenschaftlicher Erkenntnisse (KUHLEN 1989; ENDRES-NIGGEMEYER 1994), sind bislang ohne wirklichen Erfolg hinsichtlich einer Umsetzung in praktische Anwendungen geblieben, da sie bereits für begrenzte Themen und Anwendungsgebiete zu extrem aufwändigen Lösungen führen.

Das im folgenden Abschnitt vorgestellte Beispiel eines Tools bezieht sich bewusst auf einen klassischen Extraktionsansatz, der mit weitgehend beherrschten

---

39 Der Extractor steht im Internet unter http://extractor.iit.nrc.ca in einer Online-Demoversion zur Verfügung, die u.a. auch deutsche Texte (im HTML-Format) bearbeiten kann. Hier stehen auch Beispielanwendungen und eine Vielzahl weiterer Informationen zur Verfügung.

statistischen und linguistischen Grundlagen inzwischen zu einem erfolgreichen kommerziellen Produkt geführt hat.

## 4.2 Beispiel: NRC's Extractor / Copernic Summarizer

Der *Extractor* ist eine Software für die automatische Zusammenfassung von Texten, entwickelt durch die Interactive Information Group des National Research Council of Canada (NRC) (vgl. TURNEY 1999, 2000). Die Software ist Basis einiger kommerzieller Anwendungen und Produkte, vor allem des für mehrere Sprachen angepassten sehr erfolgreich vertriebenen Copernic Summarizers (HAAG 2002)[40]:

> The makers of my favorite Web search program have released a cool new document summary application called Copernic Summarizer, which integrates with Internet Explorer, Outlook, and Word, providing summaries and concept lists from the documents used by these applications. (PAUL THURROTT in WinInfo, 11.17.2000)

Der Extractor erstellt aus einem Input-Dokument Indexterme sowie eine Liste mit Keyphrases (Schlüsselsätzen). Der Algorithmus lernt anhand von Beispielen und den Relevanzbeurteilungen der Nutzer. Das System Extractor generiert auf diese Weise aus einem Beispieldokument mit dem Titel „Technisierung von Wissen – eine Herausforderung für die Technikfolgenforschung?"[41] zunächst die folgenden Indexterme:

Geisteswissenschaften, Technisierung, Technikfolgenforschung, Technik, Wirkungen, Bestimmung, Ansatz.

Anschließend werden die folgenden extrahierten Textpassagen als Summary ausgegeben[42]. Dabei entsteht kein kohärenter Text sondern eine Aneinanderreihung einzelner Sätze. Dies wird insbes. deutlich im fünften Satz („Beiden außertechnischen Richtungen..."), da hier ein Kontext fehlt, auf den Bezug genommen wird (welche beiden Richtungen?).

---

40 Informationen stehen im Internet unter http://www.copernic.com, spezielle Produktinformationen über den Summarizer unter http://www.copernic.com/products/summarizer zur Verfügung.

41 Der Text steht im Internet unter http://www.iuk.hdm-stuttgart.de/nohr/publ/technik.htm zur Verfügung.

42 Eine Reihe weiterer Beispiele von durch den Copernic Summarizer erzeugten Zusammenfassungen von Reuters Nachrichtenmeldungen werden ausführlich in der empirischen Studie von HAAG (2002) vorgestellt und diskutiert.

- Technisierung von Wissen – eine Herausforderung für die **Technikfolgenforschung?**
- Sehr allgemein lässt sich – je nach **Ansatz** und Auftrag – das Ziel von Technikfolgenforschung definieren als die Steuerung, die Überwachung oder die Eindämmung technischer Innovation, basierend auf Früherkennung bzw. Prognosen möglicher **technischer Wirkungen** und Folgen.
- Eine **genaue Bestimmung** der Aufgaben und Methoden der Technikfolgenforschung bleibt der jeweiligen Forschungsrichtung bzw. dem konkreten Auftrag überlassen und kann nur in diesem Kontext erfolgen.
- **Technik** wird hier in ihrer Wirkung auf soziale Umwelten untersucht.
- Beiden außertechnischen Richtungen der Technikfolgenforschung ist nicht selten eine Technikferne eigen – insbesondere aber den **Geisteswissenschaften**.
- In ihrer bisher stärksten Form ist diese **Technisierung** von Wissen anzutreffen bei den sogenannten wissensbasierten („intelligenten") Informationssystemen, sie aber sind nur vorläufiger Höhepunkt einer langen Entwicklung.

Der Algorithmus des Extractor bearbeitet Dokumente in den folgenden zehn Schritten (vgl. TURNEY 2000 für eine ausführlichere Beschreibung des folgenden Algorithmus):

1. **Find Single Stems**
   In einem ersten Bearbeitungsschritt wird eine Liste mit allen Wörtern des Textes erstellt unter Eliminierung von Wörtern mit weniger als drei Zeichen sowie Stoppwörtern. Anschließend werden diese Wörter auf ihre Stammform zurückgeführt.

2. **Score Single Stems**
   Für jede Stammform wird die Häufigkeit ihres Auftretens im Text ermittelt. Gleichfalls wird die Position ihres ersten Auftretens ermittelt. Zur Errechnung der Termgewichtung wird die Häufigkeit mit einem definierten Faktor multipliziert.

3. **Select Top Single Stems**
   Über die ermittelte Gewichtung wird die Liste der Stammwörter einem Ranking unterzogen. Ein Schwellenwert dient der Ermittlung geeigneter Stammwörter für die weitere Bearbeitung.

### 4. Find Stem Phrases

In diesem Schritt wird eine Liste aller Phrasen des Textes erstellt. Phrasen sind per Definition Wortfolgen von einem, zwei oder drei Wörtern, die im Text aufeinander folgen ohne von Stoppwörtern oder Interpunktion unterbrochen zu sein. Anschließend werden die Wörter der Phrasen auf ihre Stammform rückgeführt.

### 5. Score Stem Phrases

Für jede Phrase (in der Stammform) wird die Häufigkeit ihres Auftretens sowie die Position ihres ersten Auftretens im Dokument ermittelt. Anschließend wird für jede dieser Phrasen eine Gewichtung errechnet, analog dem Vorgehen im zweiten Verarbeitungsschritt.

### 6. Expand Single Stems

Für jedes Stammwort aus der Rankingliste (Schritt 3) wird die höchstgewichtete „Stammwort-Phrase" ermittelt. Die somit erstellte Liste der Phrasen wird anhand der Gewichtungen aus dem zweiten Verarbeitungsschritt einem Ranking unterzogen. Die Gewichtung der „Wortstamm-Phrasen" (Verarbeitungsschritt 5) wird damit ersetzt durch die Gewichtungen, die sich durch die enthaltenen einzelnen Stammwörter ergeben (ermittelt im zweiten Verarbeitungsschritt).

### 7. Drop Duplicates

Die Rankingliste der „Wortstamm-Phrasen" kann durch das beschriebene Verfahren Dubletten enthalten. Nur die höchstgewichtete Phrase wird beibehalten, andere Einträge in der Liste werden eliminiert.

### 8. Add Suffixes

Für jede „Wortstamm-Phrase" aus der Rankingliste wird die höchstfrequente „Vollphrase" im Text ermittelt und eingesetzt. Beispiel: „evolu psych" korrespondiert mit „evolutionary psychology" (10mal im Text) und „evolutionary psychologist" (3mal im Text).

### 9. Add Capitals

In diesem Schritt werden notwendige Großschreibungen für die Ausgabe eingesetzt.

### 10. Final Output

Ausgabe der vorliegenden Rankingliste. Das Ranking der Phrasen basiert auf der Berechnung der Gewichtung der höchstgewichteten einzelnen Wortstämme.

Verfahren und Systeme der Textzusammenfassung bieten wertvolle Hilfen in Information Retrieval-Prozessen und in betrieblichen Abläufen, in denen die Erstellung oder Auswertung von Dokumenten eine wichtige Rolle spielen. Mit ihrer Hilfe können bspw. Rechercheergebnisse aus dem Internet oder Intranet ad hoc zusammen gefasst werden (ein so genannter „Live-Summarizer" ist Bestandteil des Copernic-Produkts). Dies ermöglicht eine wesentlich schnellere Relevanzbeurteilung einzelner Texte innerhalb einer größeren Ergebnismenge, die beispielsweise nach einer Recherche im Inter- oder Intranet zur Auswahl steht. Auf die gleiche Weise lassen sich Emails auswerten, um diese auf relevante Informationen zu prüfen. Systeme wie der Summarizer von Copernic (COPERNIC 2002) lassen sich zu diesem Zweck in betriebliche Standardanwendungen einbinden und stehen damit im gewohnten Arbeitsumfeld der Mitarbeiter zur Verfügung. Im Unternehmen selbst erstellte Dokumente lassen sich durch Anwendung solcher Systeme automatisch mit Zusammenfassungen versehen, die dann z.B. im Intranet verfügbar gemacht werden können. Die Abbildung 4-1 auf der folgenden Seite zeigt einen Screenshot, der eine Zusammenfassung mit dem Copernic Summarizer darstellt. Der Originaltext einer Meldung („CNN.com – Mars Odyssey tightens orbit") wird in einem Umfang von 25 Prozent zusammengefasst. Das Ergebnis dieser Zusammenfassung ist auf dem Bildschirm angezeigt. Auf der linken Bildschirmseite sind die Indexterme – beim Copernic Summarizer „Concepts" genannt – angegeben (Mars, Mars Odyssey usf.). Darunter wird den Anwendern eine Auswahl der weiteren Be- und Verarbeitungsmöglichkeiten der Zusammenfassungen gegeben.

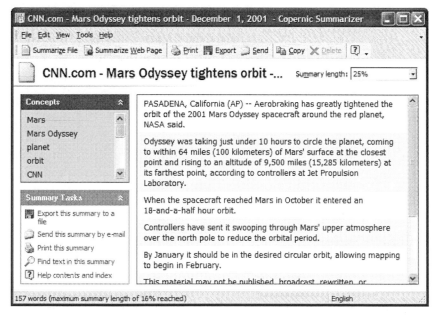

**Abbildung 4-1:** Automatic Text Summarization mit dem Copernic Summarizer

Diese Einbindung in betriebliche Standardanwendungen (bspw. in Textverarbeitungssysteme, in Inter- und Intranet-Anwendungen (Browser) oder in Portallösungen) lassen Systeme für das Automatic Text Summarization zunehmend zu wichtigen Werkzeugen für das Wissensmanagement von Unternehmen werden. Sie bieten eine wertvolle Unterstützung bei der Verarbeitung und der Relevanzbewertung von Dokumenten, indem benötigte Zusammenfassungen ad hoc generiert und dem Nutzer zur Verfügung gestellt werden können. Damit entlasten sie die Mitarbeiter von Routinetätigkeiten der Informationssuche und -bewertung und bieten ihnen damit die Möglichkeit, wichtige Arbeitszeit auf die intellektuelle Verarbeitung relevanten Wissens bzw. relevanter Dokumente zu verwenden. Eine Beurteilung der Leistungsfähigkeit entsprechender Systeme hat daher zu überprüfen, ob die zusammengefasste Wiedergabe eines Inhalts der analysierten Dokumente tatsächlich geeignet ist diese Aufgabe zu erfüllen. Dabei steht der Nutzen für die Erfüllung der Arbeitsaufgaben von Nutzern im Mittelpunkt. Im kommenden Abschnitt wird eine Untersuchung mit dieser Zielsetzung vorgestellt.

## 4.3 Der Copernic Summarizer-Test

Eine umfangreiche Untersuchung über die Qualität der Ergebnisse des Summarizing-Prozesses mit dem Copernic Summarizer sowie über die Möglichkeiten einer Einbindung dieser Anwendung in die betrieblichen Aufgaben einer Fachinformationsabteilung eines Unternehmens wurde durch den Studiengang Informationswirtschaft an der Hochschule der Medien (Stuttgart) für die Abteilung Fachinformation der DaimlerChrysler AG (Stuttgart) vorgenommen (vgl. die ausführliche Darstellung des Projektes und der Ergebnisse durch HAAG 2002).

Bewusst wurde bei dieser Untersuchung hauptsächlich der Frage nachgegangen, inwieweit ein Produkt wie der Summarizer von Copernic in der Lage ist, aufgabenorientierte Relevanzbeurteilungen von Dokumenten durch den Menschen zu unterstützen (EULER 2001). Es wurde also explizit der Nutzen der Zusammenfassungen im Rahmen der täglichen Aufgaben von Mitarbeitern ermittelt.

Für den Test wurden 40 Nachrichtenmeldungen aus dem Sachgebiet der Betriebswirtschaft – 30 in deutscher, 10 in englischer Sprache – zufällig ausgewählt und durch den Summarizer indexiert und zusammengefasst. Die Ergebnisse wurden mit einem standardisierten Bewertungsbogen durch jeweils fünf Personen unanhängig voneinander bewertet.

HAAG kommt in dieser umfangreichen Untersuchung zu dem Ergebnis, dass der Copernic Summarizer in einer betrieblichen Umgebung zu einer wirklichen Bereicherung der Fachinformationsarbeit führen kann und dass die erzeugten Summaries dieses Produkts zu insgesamt guten und anwendbaren Ergebnissen führen. Ebenfalls untersucht wurden die durch den Summarizer im Laufe des Prozesses erzeugten Indexterme, die als Ergebnis einer automatischen Indexierung genutzt werden können. Zusammenfassend wurden durch die Untersuchung Ergebnisse ermittelt, wie sie nachfolgend in der Tabelle 4-1 für die Indexierungsterme (im Copernic Summarizer werden sie „Concepts" genannt) und in der Tabelle 4-2 für die erzeugten Summaries dargestellt werden. Die einzelnen Bewertungen wurden jeweils durch die Mitarbeiter der Fachinformation der DaimlerChrysler AG abgegeben.

| Skalenbereich | Interpretation | Bewertungen |
|---|---|---|
| Bereich 1 und 2 | Zutreffende Indexterme | 60,58 Prozent |
| Bereich 3 bis 5 | Teilweise noch zutreffend | 25,0 Prozent |
| Bereich 6 und 7 | Unzutreffende Indexterme | 14,42 Prozent |

**Tabelle 4-1:** Bewertung der Indexterme im Copernic-Test

Die Indexterme wurden differenziert auf einer Skala zwischen Eins und Sieben bewertet. Für die Auswertung und die Darstellung wurde eine Zusammenfassung in drei Bereiche gewählt (vgl. die Tabelle 4-1). Die geringe Quote der gänzlich unzutreffenden Indexterme (14,42 Prozent) sowie der relativ hohe Anteil zutreffender Indexterme (60,58 Prozent) kann als ein positives Resultat gewertet werden. Der mittlere Bereich mit den restlichen 25 Prozent der ermittelten Indexterme war zwar zutreffend, die Terme wurden durch die Testpersonen jedoch als nicht sonderlich hilfreich bewertet. Ob diese Indexterme allerdings für ein Retrieval nach diesen Dokumenten einen Wert haben, müsste durch einen Retrievaltest ermittelt werden. Interessant bei diesem Teil der Evaluation war vor allem auch die Tatsache, dass die Untersuchung eine Korrelation zwischen den Bewertungen der Testpersonen und den Relevanzberechnungen (Score) durch den Copernic Summarizer aufzeigte. Terme mit geringeren Score-Werten wurden auch durch die Testpersonen schlechter bewertet (HAAG 2002, S. 65-67). Den Testpersonen waren die ermittelten Score-Werte der Software zum Zeitpunkt ihrer Bewertung nicht bekannt, um keine Beeinflussung durch die Systembewertung zu erzeugen.

Die durchschnittlichen Bewertungen der Testpersonen hinsichtlich der Aussagefähigkeit, des Nutzens und der Kohärenz der Summaries sind in der folgenden Tabelle dargestellt. Auf der Bewertungsskala war 1 die positivste und 7 die negativste Bewertungsmöglichkeit.

| Frage | Durchschnittliche Bewertung (Skala 1 bis 7) |
|---|---|
| Lässt sich durch die Summary ein inhaltlich getreuer Eindruck des Ausgangstextes gewinnen? | 2,93 |
| Ist die Summary ausreichend, um die Relevanz / den Nutzen des Ausgangstextes zu beurteilen? | 2,69 |
| Wie gut vermittelt die Summary den Inhalt des Ausgangstextes? | 3,28 |
| Wie beurteilen Sie die Lesbarkeit (flüssig und verständlich) der Summary? | 2,45 |

**Tabelle 4-2:** Bewertung der Summaries im Copernic-Test (HAAG 2002)

Die Spannbreite der Bewertungen der einzelnen Zusammenfassungen hat sich in der Untersuchung als recht groß herausgestellt (einzelne positive und negative Beispiele behandelt HAAG 2002). Das untersuchte System ist generell jedoch durchaus geeignet, den Menschen insbesondere bei der Relevanzbewertung von Dokumenten zu unterstützen und damit eine Auswahlentscheidung zu unterstützen. Die durchschnittliche Bewertung von 2,69 bei der Frage nach der Relevanz- bzw. Nutzenabschätzung auf der Basis der Zusammenfassungen zeigt den praktischen Nutzen der Anwendung.

Untersuchungen intellektueller Zusammenfassungen durch Menschen ergeben i.d.R. weniger als 50 Prozent Übereinstimmung, d.h. in diesem Falle die gemeinsame Auswahl und Extraktion der relevanten Sätze durch mehrere Personen (vgl. bspw. EULER 2001).

Einen weiteren Analyse- und Extraktionsansatz mit einer grundsätzlich anderen Zielsetzung betrachten wir im nächsten Kapitel.

# 5. Text Mining und Information Extraction

**Lernziele**

Nach der Bearbeitung dieses Kapitels sollten Sie
- den Zweck und die Ziele von Text Mining und Information Extraction verstehen,
- Aufgaben von Text Mining und Information Extraction beschreiben können,
- betriebliche Anwendungsgebiete von Text Mining und Information Extraction identifizieren können,
- Gemeinsamkeiten und Unterschiede von Text Mining und Informationsextraktion beschreiben können und
- die gängigen Verfahren des Text Mining und der Informationsextraktion verstehen.

Z

## 5.1 Einführung

Eine stetig ansteigende Zahl elektronischer Dokumente macht neben einer automatischen Erschließung dieser Quellen vor allem auch eine automatische Gewinnung von relevanten und möglicherweise neuen Informationen aus diesen Dokumenten wünschenswert, um diese beispielsweise für weitere Bearbeitungen oder Auswertungen in betriebliche Informationssysteme (Management-Informationssysteme, Data Warehouse usw.) übernehmen zu können und den Anwender zu potenziell interessanten Aussagen zu führen (MERTENS 2002) oder unternehmerische Entscheidungen auf eine fundiertere Grundlage zu stellen. Die Hauptanliegen des Text Mining sind nach MERTENS (2002) die Strukturierung von Dokumenten, die Entdeckung interessanter Beziehungen (Muster) zwischen Dokumenten und die Informationsextraktion. Die Aufgaben, interessante Beziehungen zwischen Dokumenten zu entdecken und der Ansatz der Extraktion von Informationen, unterscheiden sich jedoch in einer Hinsicht wesentlich, die NASUKAWA/NAGANO (2001, S. 969) beschreiben:

> However, Information Extraction [...] is intended to find a specified class of events, such as company mergers, and to fill in a template for each instance of such an event. Thus, this technology is almost the inverse of our

text mining that aims to find novel patterns rather than predefined patterns in a specified class.

Während es bei der Informationsextraktion also um die Erkennung von bereits bekannten Mustern in Texten geht, wird mit Text Mining im beschriebenen Sinne versucht, unbekannte und potenziell neue Informationen in Dokumenten aufzufinden. Auf diese Weise lassen sich ggf. neue Trends in einer Domäne entdecken oder bislang unbekannte Zusammenhänge finden. Wir können damit die beiden besprochenen Ansätze den aus dem Gebiet des Business Intelligence (PREUSCHOFF 2003; GROTHE/GENTSCH 2000) bekannten Analysewegen der *hypothesengestützten Entdeckung* (Informationsextraktion) und der *hypothesenfreien Entdeckung* (Text Mining) zuordnen. In der Praxis werden Text Mining und Informationsextraktion als einander ergänzende Verfahren Anwendung finden, hier ist eine Unterscheidung sinnvoll, um Grundprinzipien darstellen zu können.

Wir wollen in den folgenden Abschnitten die beiden erstgenannten Anliegen als Text Mining im engeren Sinne behandeln (Abschnitt 5.2) und die Informationsextraktion als einen besonderen Anwendungsfall separat im Abschnitt 5.3 vorstellen.

## 5.2 Text Mining

Das Text Mining stellt eine Erweiterung des bekannten Data-Mining-Konzepts auf qualitative (textuelle) Analyseobjekte dar (NASUKAWA/NAGANO 2001; DÖRRE/GERSTL/SEIFFERT 2001) und steht als Oberbegriff für sämtliche Methoden, mit denen sich unbekannte, aber potenziell nützliche Informationen, die implizit in umfangreichen Textsammlungen enthalten sind, auffinden lassen. Die Analyseaufgaben und –verfahren beider Mining-Ansätze sind ähnlich. Als Grundfunktionen des Text Mining stehen die Assoziationsanalyse, Klassifikation, Segmentierung, Clustering, Zeitreihenanalyse, Prognose oder Merkmalsextraktion zur Verfügung (BEHME/ MUCKSCH 1999). Anwendungsfälle für Unternehmen ergeben sich vor allem durch die Analyse externer Informationen und ihrer Integration in interne Informations- und Analysesysteme (beispielsweise in ein Data Warehouse). Externe Informationen können dabei u.a. Dokumente aus dem Internet sein, Emails von Kunden oder Marktforschungsbericht. BEHME und MUCKSCH (1999) nennen u.a Konkurrenzanalysen, Marktanalysen, Branchenstrukturanalysen, Analysen der Wertschöpfungskette oder Strategische Szenarioanalysen als Anwendungsfelder nach einer erfolgreichen Textanalyse mit Text Mining-Verfahren und der Integration der gewonnenen Informationen in das Data Warehouse. Die gewonnenen Informationen können so das Customer

Relationship Management (CRM) und das Customer Knowledge Management (CKM) unterstützen (NOHR 2005).

Definitionsansätze für das Text Mining liegen mit recht unterschiedlichen Aussagen vor. Der Unterschied liegt wesentlich in der Frage begründet, ob Text Mining als Verfahren der Wissensentdeckung (Knowledge Discovery) betrachtet wird oder als ein Oberbegriff verschiedener Textanalyseverfahren. Der erstgenannte Ansatz stellt einen Zusammenhang zum Data Mining her und gibt als Ziel die Entdeckung neuen Wissens aus. Der zweitgenannte Zusammenhang argumentiert von einer Textanalyseaufgabe her und bezieht beispielsweise die Informationsextraktion oder die Erstellung von Abstracts, teilweise auch die bereits in Kapitel 3 beschriebenen Indexierungsansätze, in das zu definierende Aufgabenspektrum ein.

### Definition *Text Mining:*

MEIER (2001, S. 474) definiert Text Mining im Rahmen des Knowledge Discovery in Databases als ein Verfahren der Analyse unstrukturierter Textdatenbestände mit dem Ziel, einen Überblick der Inhalte großer Dokumentenkollektionen zu liefern, Gemeinsamkeiten zu identifizieren und eine schnellere Informationsaufnahme zu ermöglichen.

Die IBM (2000, S. 93) definiert den Begriff Text Mining in einem weitergehenden Sinne hingegen folgendermaßen:

> text mining. The process of automatically extracting key information from text, automatically finding predominant themes in a collection of documents, and searching for relevant documents using powerful and flexible queries.

Verfahren, Methoden und Anwendungen des Text Mining werden in der Fachliteratur teilweise auch unter den Namen *Text Data Mining* oder *Knowledge Discovery from Textual Databases* beschrieben (vgl. TAN 1999). Wir werden in der Folge den Ausdruck Text Mining verwenden, da er sich inzwischen etabliert hat.

Der Text Mining-Prozess kann in zwei Phasen gegliedert werden (TAN 1999), die im folgenden Framework für das Text Mining (Abbildung 5-1) dargestellt sind.

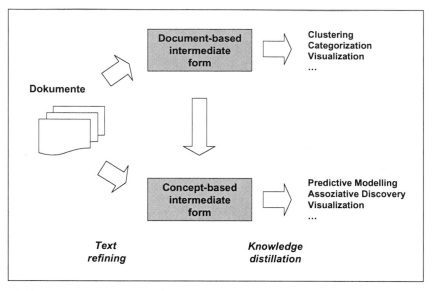

**Abbildung 5-1:** Framework für Text Mining (nach TAN 1999)

In der ersten Phase (Text refining) werden die Freitextdokumente in eine aufbereitete und strukturierte Form (intermediate form) übertragen. Die Aufbereitung kann dokument- oder konzeptbasiert vorgenommen werden. Die dokumentbasierte Aufbereitung enthält Dokumente als Analyseeinheiten (Entitäten), die konzeptbasierte Aufbereitung arbeitet mit Konzepten. Diese Aufbereitung in strukturierter Form dient in einer zweiten Phase (Knowledge distillation) als *Mining Base* für alle weiterführenden Analyseschritte. Auf der Basis einer dokumentbasierten Mining Base werden Zusammenhänge und Muster zwischen Dokumenten analysiert, indem beispielsweise Clustering oder Categorization durchgeführt werden. In einer konzeptbasierten Mining Base werden Muster und Relationen zwischen den Konzepten untersucht. Für diesen Anlass können beispielsweise Assoziationsanalysen zum Einsatz kommen. Die Ergebnisse der Knowledge distillation können jeweils in Form von Visualisierungen (beispielsweise als clustergrafische Darstellungen oder Concept Maps / Begriffsnetze) präsentiert werden (zur Informationsvisualisierung vgl. DÄßLER o.J.). In Begriffs- bzw. Conceptnetzen können Beziehungen zwischen Begriffen sowie die Stärke der Beziehung bezogen auf die untersuchte Dokumentkollektion zum Ausdruck gebracht werden. Mit geeigneten Werkzeugen kann innerhalb der visuellen Darstellungen navigiert werden.

In Unternehmen können diverse Szenarien und Aufgaben für einen Einsatz von Werkzeugen und Methoden für Text Mining identifiziert werden (vgl. NOHR 2005, GENTSCH 1999, BEHME /MUCKSCH 1999 BEHME/ MULTHAUPT 1999, HIPPNER/ RENTZMANN/WILDE 2004, DENGEL/JUNKER 2002, IBM 1998).

Werkzeuge für das Text Mining sind beispielsweise der Intelligent Miner for Text von IBM (IBM 1998) oder SPSS LexiQuest (SPSS 2003; siehe auch das Fallbeispiel im grauen Textkasten auf dieser Seite).

Das Problem beim Knowledge Discovery in Dokumenten besteht in der geringen oder gar vollkommen fehlenden inneren Struktur von Dokumenten. Die Text Mining-Verfahren benötigen jedoch Strukturen, um zu Aussagen über Muster in und zwischen Dokumenten gelangen zu können. Die Text Mining-Base muss daher zunächst aufbereitet werden, um einer Analyse zugänglich gemacht zu werden (vgl. GENTSCH 1999). Durch die bereits bekannten Methoden der Indexierung werden aus diesem Grunde zunächst Metadaten gewonnen. Diese Merkmalsextraktion dient im

---

**Fallbeispiel: SPSS LexiQuest**

SPSS, Spezialist für Data Mining und analytisches CRM, integriert nach der Akquise des Text Mining Entwicklers LexiQuest die Software LexiQuest Mine in die Data Mining Workbench Clementine. Konnten Unternehmen bisher mit Clementine Muster und Trends in strukturierten Datensätzen entdecken, haben sie nun die Möglichkeit, Beziehungen und Muster in als Freitextquellen sichtbar zu machen. Der linguistische Ansatz von LexiQuest Mine erkennt nicht nur Worthäufigkeiten, sondern auch sinngemäße Zusammenhänge und vermag so Schlüsselkonzepte in Dokumenten darzustellen.

Durch die Integration der Technologien können Anwender von einer zentralen Clementine Oberfläche aus Text Mining Analysen in den Data Mining Prozess einbinden.

„Knapp 80 % des Datenaufkommens in Unternehmen ist heute noch in schriftlichen Dokumenten, eMails und anderen Textformaten verpackt. Die Verquickung der klassischen Auswertung von strukturierten Daten mit der Suche nach linguistischen Mustern liefert Unternehmen aussagekräftige Ergebnisse, um Entscheidungen auf ein noch sichereres Fundament zu stellen", so Karl Busl, Country Manager der SPSS GmbH.

In der Praxis zeigt sich die Ergänzung von Text und Data Mining bei der Analyse von Kundenbeziehungen. Um die Abwanderungswahrscheinlichkeit von Kunden vorherzusagen, wurden bisher Kundendaten durch numerische Fremddaten ergänzt und mit Data Mining analysiert. Was diese Daten nicht zeigen, sind Gründe der Unzufriedenheit, die Kunden bei Telefonaten mit dem Kundenservice, per Fax, Brief, eMail oder bei Umfragen anführen. Mit der Integration von Text Mining können Reaktionen auf Schlüsselwörter wie „schlechter Service" oder „zu teuer" untersucht werden und in die Data Mining Analysen einfließen.

(Quelle: aboutIT, 8. Juni 2002)

---

Zusammenhang dieser Anwendung der Vorbereitung für weitergehende Mining-Verfahren, die der Analyse von Textkollektionen dienen. Die Problematik der

Merkmalsextraktion besteht grundsätzlich auch in diesem Zusammenhang in der nicht-eindeutigen Semantik sprachlicher Ausdrücke. Im Rahmen der weiter-gehenden Analysen werden Merkmale als semantische Konzepte aufgefasst, die jedoch – wie im anderen Zusammenhang bereits besprochen – durch sprachliche Ausdrücke nicht eindeutig repräsentiert sind.

Größere Textkollektionen werden durch Text Mining gruppiert, d.h. die Do-kumente werden einer Reihe von Gruppen zugeordnet um so die große Kollek-tion in kleinere Einheiten zu zerlegen und so zu organisieren. Für diesen Vor-gang stehen prinzipiell zwei unterschiedliche Verfahren zur Verfügung, das Clustering und die Kategorisierung. Beide Verfahren werden wir im Folgenden vorstellen.

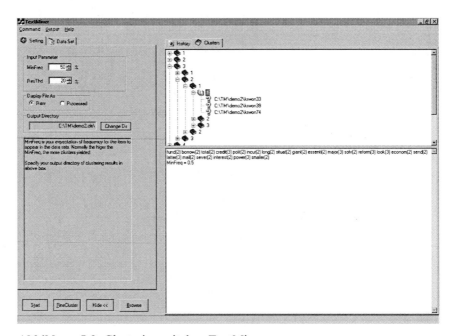

**Abbildung 5-2:** Clustering mit dem TextMiner

Von *Clustering* spricht man, wenn die Zusammenhänge und Unterschiede der Dokumente analysiert werden und aufgrund dieser Analyse Dokumentkollekti-onen dynamisch in homogene Cluster (Teilmengen) eingeteilt werden (Beispiel in Abb 5-2). Cluster sind nicht vordefiniert, ihre Semantik ergibt sich aus den in ihnen zusammengefassten Dokumenten. Die zum Clustering beitragenden Merk-male können als Beschreibung der Cluster heran gezogen werden.

Das Prinzip des Clustering wird in der Abbildung 5-3 auf der folgenden Seite dargestellt.

Die Aufgabe des Clustering besteht darin, eine Menge von Texten so zu strukturieren, dass zueinander inhaltlich ähnliche Texte nahe zusammen auftreten, wohingegen die Distanz zwischen inhaltlich verschiedenen Texten groß sein soll. Dazu wird die Textkollektion vom Clusteringverfahren in, üblicherweise disjunkte, Teilmengen partitioniert. Diese Textmengen nennt man dann Cluster. (DÖRRE/GERSTL/SEIFFERT 2001, S. 439)

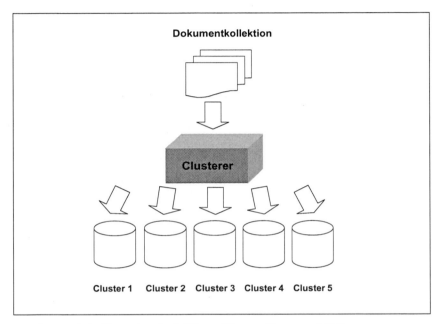

**Abbildung 5-3:** Clustering (vgl. DÖRRE/GERSTL/SEIFFERT 2001)

Eine Clusteranalyse deckt ggf. bislang unbekannte Schwerpunkte in einer Dokumentkollektion auf. Diese können beispielsweise Hinweise auf neue Forschungsschwerpunkte oder ähnliche Aktivitäten der Akteure in einer Branche geben. Für diese Aufgabe können Inhalte von Patentdatenbanken mit Text Mining analysiert werden. So lassen sich Inhalte von Patenten sowie Art und Stärke der Beziehungen zwischen Patentclustern aufdecken (GROTHE/GENTSCH 2000) und für Wettbewerbsanalysen nutzen.

**Definition *Kategorisierung*:** Von *Kategorisierung* (categorization) sprechen wir hingegen, wenn Dokumente vorgegebenen Kategorien zugeordnet werden. Diese Kategorien können manuell erzeugt oder in einem vorgelagerten Schritt aus einer Trainingskollektion trainiert werden (GOTTHARD/MARWICK/SEIFFERT 1997).

125

Der IBM Intelligent Miner for Text ist ein Beispiel für ein Text Mining System, das die Kategorien aus einer Beispielkollektion trainiert. Den Ablauf einer Kategorisierung stellt die Abbildung 5-4 dar.

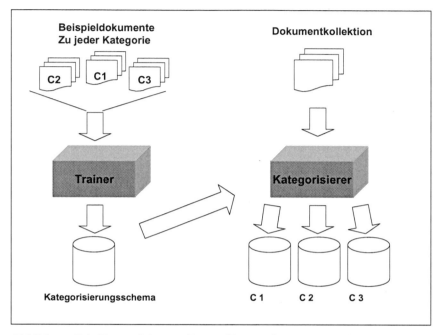

**Abbildung 5-4:** Kategorisierung (DÖRRE/GERSTL/SEIFFERT 2001)

Die Dokumente können bei der Kategorisierung mehreren Kategorien zugeordnet werden. Die Stärke einer Zugehörigkeit kann über Gewichtungen zum Ausdruck gebracht werden.

Die *Assoziationsanalyse* dient zur Ermittlung von Wechselbeziehungen zwischen zwischen gemeinsam auftretenden Begriffen innerhalb von Dokumenten und zwischen unterschiedlichen Dokumenten. Für diese Analyse sind die Dokumente zuvor mit Metadaten indexiert und für die Mining Base aufbereitet worden. Bei einer solchen Analyse kann beispielsweise der Anteil der betroffenen Texte im Verhältnis zur gesamten Dokumentmenge berücksichtigt werden, um nur starke Wechselbeziehungen zu erhalten. Mit einer solchen Analyse kann etwa entdeckt werden, wenn der Name eines Konkurrenzunternehmens signifikant häufig im Zusammenhang mit einer neuen Technologie oder einem umkämpften Markt genannt wird.

Aufbauend auf die per Clustering organisierten Dokumente lassen sich weiterführende *Zeitreihenanalysen* durchführen. Mit ihrer Hilfe lassen sich Verschiebungen von Inhaltsschwerpunkten innerhalb einer Dokumentkollektion im Zeitverlauf ermitteln und anschließend grafisch darstellen. Auf diese Weise können Trends aufgedeckt werden, die beispielsweise im Rahmen einer Branchen- und Konkurrenzanalyse oder einer Technologieanalyse wichtige Informationen liefern oder aber zeigen, dass sich Beschwerden von Kunden bestimmter Produkte häufen.

Die Häufigkeit, mit der Begriffe gemeinsam in Dokumenten auftreten, können mit Text Mining ermittelt und in grafischer Form als Begriffsnetz dargestellt werden. An den Kanten zwischen Begriffen wird die Stärke der Relation angegeben, im Beispiel der Abbildung 5-5 auf einer Skala von 0 bis 100.

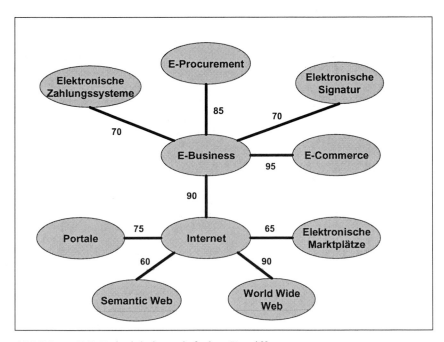

**Abbildung 5-5:** Beispiel eines einfachen Begriffnetzes

Die vorgestellten Analyseverfahren geben in jeweils unterschiedlicher Weise Aufschluss über versteckte oder unbekannte Informationen in Dokumenten. Sie sind Grundlage für Interpretationen und Entscheidungen, jedoch kein Ersatz für diese Managementaufgaben.

## 5.3 Informationsextraktion

Bei der Informationsextraktion (Information Extraction (IE)) handelt es sich, verglichen mit der automatischen Indexierung oder Zusammenfassung von Dokumenten, um eine relativ junge Forschungsrichtung. Ihr Beginn wird allgemein mit den von der US-Regierung finanzierten *Message Understanding Conferences (MUC)* Ende der 1980er Jahre in Verbindung gebracht (APPELT/ISRAEL 1999, EIKVIL 1999). Gleichwohl stammen viele der grundlegenden Arbeiten zu diesem Gebiet aus der Forschung zur Künstlichen Intelligenz oder dem Information Retrieval und sind älteren Datums. Bei MUC geht es u.a. um die Weiterentwicklung von Verfahren der Informationsextraktion und um die Evaluation von Extraction-Tools. MEIER/ BECKH (2000) sehen in der Informationsextraktion ein Teilgebiet des Text Mining.

Im Gegensatz zu den früher besprochenen Ansätzen der Indexierung geht es bei der Informationsextraktion nicht um die Erschließung von Dokumenten, obwohl diese gleichwohl ein Nebenprodukt darstellen kann.

**Definition *Information Extraction*:** Ziel von Information Extraction ist es, aus semi- oder sogar gänzlich unstrukturierten Textdokumenten domänenspezifisch relevante Informationen zu identifizieren, diese zu extrahieren und in ein formales Modell, in auswertbare Datenbankfelder, zu übertragen (MEIER/ BECKH 2000). Nicht-relevante Informationen sollen dabei unberücksichtigt bleiben (COWIE/ LEHNERT 1996).

---

**Fallbeispiel: SAP SEM (3)**

< Fortsetzung von Kap. 1, S. 12
< Fortsetzung von Kap. 3, S. 69

Am Forschungsinstitut FORWISS wurde gemeinsam mit der SAP AG ein System mit der Editorial Workbench entwickelt, das unstrukturierte Informationen aus dem Internet in das SAP Strategic Enterprise Management (SEM) integriert.

Auch die Informationsextraktion gliedert sich in zwei Phasen: die Identifikation potenzieller Extrakte und die tatsächliche Erfassung. Die Vorarbeit besteht darin, das Dokument mithilfe des Werkzeugs Link Grammar Parser semantisch zu analysieren. Zudem überführt das System relative temporale Konstrukte, beispielsweise „last month", in absolute, wie „Mai 1999". Anhand eines Regelwerks erkennt der Redaktions-Leitstand Ereignisse, etwa eine „Kooperation" und die dazugehörigen Attribute, z. B. Kooperationsform sowie Namen der beteiligten Unternehmen.

Dieses Regelwerk lernt das Modul durch Beobachtung der Arbeitsweise des Redakteurs. Zunächst kann dieser neue Ereignisse definieren. Füllt der Mitarbeiter dann die erforderlichen Datenbankfelder aus, indem er Textpassagen mithilfe einer kontextsensitiven Auswahl übernimmt, so merkt sich das System die Transaktionen und versucht neue Gesetzmäßigkeiten abzuleiten.

(Quelle: MEIER/FÜLLEBORN 1999)

---

Welche Informationen bei einer Analyse als relevant gelten sollen, wird über domänenspezifische Wörterbucheinträge oder Regeln möglichst exakt und präzise definiert (NEUMANN 2001). Der Umfang und die Korrektheit der aus den Dokumenten extrahierten Informationen hängt von der Genauigkeit dieser Festlegungen ab.

Typische Informationen, die aus *semi-strukturierten* Dokumenten (beispielsweise Rechnungen, Auftrags- oder Bestellformulare, Vertragsformulare usw.) extrahiert werden sollen, sind beispielsweise Kundennummern, Produktnummern, Mengenangaben, Bestellnummern, Rechnungsnummern, das Datum eines Schreibens oder Angaben wie die Lieferanschrift oder eine Rechnungsadresse. Solche Angaben finden sich i.d.R. in standardisierter und auch maschinell eindeutig identifizierbarer Form auf formularähnlichen Schreiben. Entsprechende Angaben können (evtl. nach einem Scanning-Verfahren von papierbasierten Schreiben) identifiziert, extrahiert und in die operativen Systeme eines Unternehmens und/oder ein Data Warehouse übernommen und weiterverarbeitet werden.

Wesentlich anspruchsvoller gestaltet sich die zu lösende Analyseaufgabe, wenn gänzlich *unstrukturierte* Dokumente vorliegen, beispielsweise die Wirtschaftsmeldungen von Nachrichtendiensten, Marktforschungsberichte, E-Mails (USZKOREIT 2001) oder Internet-Dokumente. Information Extraction-Anwendungen können in einem solchen Falle nicht auf bereits vorstrukturierte Dokumente aufsetzen, sondern müssen relevante Informationen aus einem Fließtext herausfiltern. Erschwerend kommt hinzu, dass es hier selten um relativ eindeutig zu identifizierende Nummernfolgen geht, sondern vielmehr um textsprachlich kodifizierte Informationen, wobei häufig insbesondere Zusammenhänge (Szenarien) von besonderem Interesse sind. Das Beratungsunternehmen PricewaterhouseCoopers setzt beispielsweise eine solche Anwendung ein, um Wirtschaftsmeldungen hinsichtlich eines Wechsels in den Vorständen von Unternehmen zu durchsuchen und diese Informationen ggf. zu extrahieren (ABECKER et al. 2002). Eine solche Anwendung müsste den Namen des betreffenden Unternehmens, die fragliche Position im Vorstand sowie die Namen der Personen identifizieren und dabei auch Relationen wie „altes Vorstandsmitglied" und „neues Vorstandsmitglied" erkennen können. Auch der Zeitpunkt des Wechsels im Vorstand wird in diesem Szenario eine wesentliche Rolle spielen. An der folgenden Reuters-Meldung zum Wechsel im Vorstand der Deutschen Telekom können wir diese Aufgabe nachvollziehen und einige der zu lösenden Probleme aufzeigen.

> Bonn, 16. Jul (Reuters) – Der ehemalige Aufsichtsratsvorsitzende der Deutschen Telekom, Helmut Sihler, wird für eine Zeitdauer von längstens sechs Monaten Vorstandschef des Unternehmens und soll einen neuen Chef suchen. Der amtierende Aufsichtsratschef Hans-Dietrich Winkhaus sagte am Dienstag nach einer mehrstündigen Aufsichtsratssitzung, Sihler solle das Unternehmen nach dem Rücktritt des bisherigen Vorstandschefs Dr. Ron Sommer für längstens sechs Monate führen. Stellvertretender Vorstandschef soll der Technik-Vorstand Gerd Tenzer werden. Winkhaus sagte, er bleibe Aufsichtsratsvorsitzender.

Aus der Beispielmeldung müssten die Deutsche Telekom (Unternehmen), die Position des Vorstandschefs, Ron Sommer als Vorgänger und Helmut Sihler als Nachfolger auf dieser Position erkannt und extrahiert werden (Daneben gibt es in dieser Meldung noch weitere relevante Information der fraglichen Domäne und andere genannte Personen.). Die Analyse der Meldung und die Zusammenführung der einzelnen Daten zur relevanten Information wird dadurch erschwert, dass sie über mehrere Sätze verstreut sind. Es handelt sich bei den relevanten Informationen i.d.R. also um komplexe, zusammenhängende Antwortmuster bezüglich der Fragen wer?, was?, wem?, wann?, wo? und eventuell warum? (NEUMANN 2001). Die identifizierten Informationen werden in Form von Templates spezifiziert, also Bündeln von Attribut/Wert–Paaren, beispielsweise Firmen- und Produktinformationen, Umsatzmeldungen, Unternehmensübernahmen oder Personalwechsel. Die Informationen aus unserem Beispiel können in folgender Weise in ein Template übernommen werden:

```
Organisation      Deutsche Telekom AG
Position          Vorstandsvorsitzender
PersonOut         Ron Sommer
PersonIn          Helmut Sihler
TimeOut           16.07.2002
TimeIn            16.07.2002
```

Über die Wörterbücher können ggf. Informationen aus der Meldung in einer standardisierten Ausdrucksform in das Template übernommen werden. In der Meldung ist beispielsweise von der Position „Vorstandschef" die Rede, der Eintrag im Template soll standardisiert als „Vorstandsvorsitzender" erfolgen.

Ein Information Extraction-Tool kann verstanden werden als ein Werkzeug, das unstrukturierte Informationen aus Text überführt in strukturierte Datenbankeinträge. Nach der Überführung der Informationen in diese strukturierte Form, können weitere Auswertungen, beispielsweise mit Data Mining-Tools, durchgeführt werden.

> When the data has a uniform representation, they may also be input to automatic analysis using for instance data mining techniques for discovery of patterns and further interpretation of these patterns. (EIKVIL 1999, S. 3)

Information Extraction ist eine computerlinguistische Aufgabe. Da es insbesondere auch darum geht, komplexe Szenarien zu erkennen, reicht eine statistische Ermittlung von Auftrittshäufigkeiten nicht aus. Für die Identifizierung relevanter Informationen in einem Text bedarf es u.a. einer lexikalischen Analyse, die Bezug auf eine Domäne nimmt. Wichtig ist in der Regel auch die Erkennung von Namen (siehe unser Beispiel). Bezugnahmen und Abhängigkeiten innerhalb eines Textes werden über eine partielle Syntaxanalyse und über die Analyse von Referenzen erreicht. Da anspruchsvollere linguistische Teilaufgaben (wie z.B. die Syntaxanalyse oder auch die Referenzanalyse) nur schwierig und mit hohem Aufwand umsetzbar sind, werden pragmatische Lösungen bevorzugt, die u.a. mit Heuristiken arbeiten. Auch muss beachtet werden, dass computerlinguistische Lösungen sprachenabhängig sind. Für die deutsche Sprache ist zunächst eine morphologische Analyse notwendig, auf die für die englische Sprache verzichtet werden kann (APPELT/ISRAEL 1999).

Bei der Namenserkennung (Named Entity Recognition) handelt es sich um eine Identifizierung von Personen, Orten, Firmen oder Produkten. Die Namen müssen aus der inneren Struktur des Textes analysiert werden, da eine vollständige Namensliste nicht hinterlegt werden kann. Einzelwörter sind häufig doppeldeutig und damit für die Identifizierung von Namen nicht hinreichend, wie das folgende Beispiel zeigt (USZKOREIT 2001):

| BEIM | BADEN | ODER | ESSEN | SINGEN | ARBEITER | SEINE | WEISEN |
|------|-------|------|-------|--------|----------|-------|--------|
|      | Ort   | Fluss | Ort  | Ort    | Ort      | Fluss | Ort    |

Namen weisen häufig eine innere Struktur aus, die für eine Identifizierung genutzt werden kann. Personennamen treten z.B. häufig in der folgenden Form auf: *Titel* (Dr.) *Vorname* (Ron) *Nachname* (Sommer). Firmen können durch den Zusatz des Firmentyps (Rechtsformen wie z.B. OHG, GmbH, AG usw.) erkannt werden. Verzeichnisse von Vornamen und Schlüsselausdrücken (z.B. „Dr." oder „GmbH") unterstützen die Erkennung (CLEMATIDE/VOLK 2001). Ähnliche innere Strukturen (Muster) können bei Datums- oder Terminangaben (23. Juli 2002, 23.7. dieses Jahres etc.) oder Geldbeträgen (200 EUR) aufgespürt werden. Abhängig von der Aufgabe können zwischen 85 und 99 Prozent solcher Namen oder Spezialausdrücke erkannt werden (USZKOREIT 2001). Komplexere innere Strukturen können domänenspezifisch in Analyseregeln überführt werden. Ausdrücke wie Vorstandschef, Vorstandsvorsitzender oder CEO stellen eine Relation her zwischen Personen und Unternehmen. Die Identifizierung ist schwieriger, da diese Strukturen im Text (auch über Satzgrenzen hinweg) verstreut auftreten können. Der Ausdruck Umsatz kann als eine Relation zwischen Unternehmen und Geldbeträgen fungieren. Abhängig von der Komplexität dieser Strukturen, kann nach USZKOREIT (2001) eine Genauigkeit zwischen 60 und 90 Prozent erreicht werden.

Eine syntaktische Analyse ist – auch wenn sie auf syntaktische Teilstrukturen eingeschränkt wird – das schwierigste Problem der Analyse (vgl. auch Abschnitt 3.2). USZKOREIT (2001) gibt an, dass abhängig von der Domäne bis zu 60 Prozent der Sätze syntaktisch korrekt analysiert werden können. Da eine vollsyntaktische Analyse zu aufwändig und für praktische Aufgaben häufig nicht erforderlich ist, wird i.d.R. nur ein eingeschränktes Parsing durchgeführt, bspw. auf einfache Nominalphrasen oder Präpositionalphrasen (CLEMATIDE/VOLK 2001). Dies erhöht gleichzeitig die Robustheit der Anwendungen.

Eine zentrale Aufgabe (vor allem bei der Identifizierung von Szenarien) ist die Erkennung und Auflösung von Koreferenzen (APPELT/ISRAEL 1999), wie beispielsweise die pronominale Referenz („er", „sie", „es"). Auch verschiedene Schreibweisen von Namen können auf dieselbe Person („Ron Sommer", „Dr. Sommer", „der Vorstandsvorsitzende Sommer") oder dasselbe Unternehmen („Deutsche Telekom", „die Telekom", „das Unternehmen") referenzieren. Auch die Auflösung von Akronymen („Internationale Business Machines", „IBM") gehört zu diesem Problem.

Von entscheidender Bedeutung für den Erfolg einer Information Extraction-Anwendung sind eine möglichst exakte Bestimmung der Domäne und eine daraus abgeleitete Repräsentation der domänenspezifischen Muster sowie von domänenspezifischen Texteigenschaften. Dabei ist zunächst die Domäne zu bestimmen. Daraus gilt es die Template-Struktur abzuleiten, d.h. das gewünschte Muster der Information. Zuletzt sind Regeln zu Identifizieren und zu implementieren, die besondere Texteigenschaften der Domäne beschreiben. Die IE-Forschung konzentriert sich derzeit auf lernfähige Systeme, die aus einem domänenspezifischen Textkorpus relevante Muster ableiten können. Systeme lernen dabei Regeln für das Auffüllen der Templates.

Ein Beispiel für ein Information Extraction-Tool ist das Trainable InforMation Extraction System (TIMES) (BAGGA/CHAI/BIERMANN 2001), welches wir im Folgenden kurz vorstellen. Die Abbildung 5-6 zeigt eine Systemübersicht von TIMES.

TIMES zeichnet sich durch eine Domänenunabhängigkeit aus, d.h. es ist als ein System konzipiert, welches durch ein Lernverfahren auf neue Domänen angepasst werden kann. TIMES verarbeitet Texte in folgender Weise: In einem ersten Schritt werden Texte in Sätze und Wörter zerlegt (Tokenization). Der folgende Verarbeitungsschritt ermittelt syntaktische und semantische Informationen. Syntaktische Information werden aus der CELEX-Datenbank[43] ermittelt, semantische Informationen aus WordNet[44]. Es schließt sich ein partielles Parsing an.

---

[43]  CELEX Lexical Database im Internet: http://www.ru.nl/celex/.

[44]  WordNet wurde am Cognitive Science Laboratory der Princeton University entwickelt. WordNet im Internet: http://www.cogsci.princeton.edu/~wn.

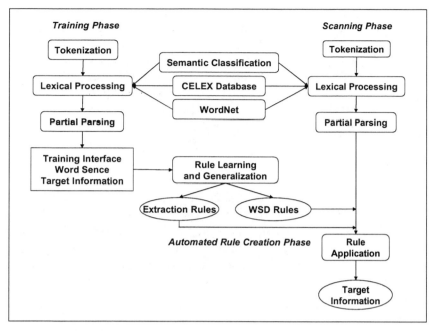

**Abbildung 5-6:** Systemübersicht von TIMES (BAGGA/CHAI/BIERMANN 2001)

Ein entscheidender Unterschied zu vielen anderen Systemen für die Informationsextraction, arbeitet TIMES nicht mit domänenspezifischem Wissen, sondern mit lexikalischen Informationen aus WordNet. WordNet enthält lexikalische Informationen über die Bedeutung von Wörtern und ihre semantischen Relationen. Das folgende Beispiel zeigt Informationen („Synonyms ordered by estimated frequency") zum Substantiv „Organisation" in WordNet:

The **noun** "organisation" has 7 senses in WordNet.

1. arrangement, organization, **organisation**, system -- (an organized structure for arranging or classifying; "he changed the arrangement of the topics"; "the facts were familiar but it was in the organization of them that he was original"; "he tried to understand their system of classification")
2. administration, governance, governing body, establishment, brass, organization, **organisation** -- (the persons (or committees or departments etc.) who make up a body for the purpose of administering something; "he claims that the present administration is corrupt"; "the governance of an association is responsible to its members"; "he quickly became recognized as a member of the establishment")
3. organization, **organisation** -- (a group of people who work together)
4. organization, **organisation**, system -- (an ordered manner; orderliness by virtue of being methodical and well organized; "his compulsive organization was not an

133

endearing quality"; "we can't do it unless we establish some system around here")

5. organization, **organisation** -- (the act of organizing a business or business-related activity; "he was brought in to supervise the organization of a new department")

6. organization, **organisation** -- (the activity or result of distributing or disposing persons or things properly or methodically; "his organization of the work force was very efficient")

7. constitution, establishment, formation, organization, **organisation** -- (the act of forming something; "the constitution of a PTA group last year"; "it was the establishment of his reputation"; "he still remembers the organization of the club")

**Abbildung 5-7:** Auszug aus WordNet

WordNet enthält weitere semantische Relationen, beispielsweise hierarchische Beziehungen (wie Hypernyms, Hyponyms, Holonyms). Damit weist WordNet bereits eine ontologieähnliche Struktur (vgl. MAEDCHE 2002; ANGELE 2003 und die Abbildung 1-5 im Einleitungskapitel) auf, die dann eine semantikbasierte Analyse zulässt, wie sie in der Abbildung 5-8 an unserem früheren Beispiel angedeutet ist.

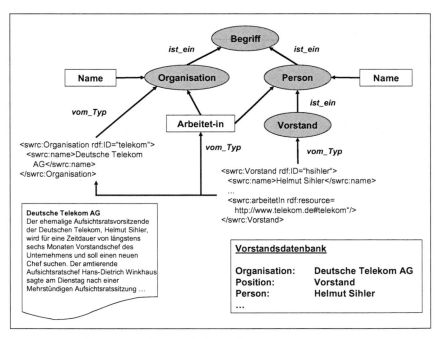

**Abbildung 5-8:** Ontologiebasierte Informationsxtraktion

Die ontologiebasierte Informationsextraktion, wie sie in der Abbildung 5-8 am Beispiel der Zuordnung von Personen zu Aufgaben und Organisationen dargestellt ist, unterstützt die Analyse und Extraktion durch Semantik. Die zu untersuchenden Domänen werden mit ihren relevanten Begriffen und Relationen in der Ontologie angebildet. Auf der Basis dieser Strukturen lassen sich Regeln für die Analyse und Extraktion ableiten und Implementieren. Die Ontologien können manuell entworfen werden, lassen sich – wie TIMES zeigt – wenigstens ansatzweise maschinell generieren und an typischen Dokumenten der Domäne trainieren

In einer solchen Trainingsphase erlernt TIMES an Texten aus der neu zu adaptierenden Domäne Informationen über die Bedeutung von Wörtern und generiert daraus Regeln für die Disambiguierung von Wörtern (WSD Rules = word sence disambiguation; vgl. die Abbildung 5-6), die in der späteren Analyse (der Scanning Phase) zum Einsatz kommen.

Information Extraction-Verfahren und –Tools können wie IR-Anwendungen anhand der Qualitätsmaße Recall und Precision evaluiert werden (vgl. Kapitel 7). Die beiden Maße werden für diese Aufgabe leicht abgewandelt wie folgt interpretiert:

> In the information extraction task, recall may be crudely interpreted as a measure of the fraction of the information that has been correctly extracted, and precision as a measure of the fraction of the extracted information that is correct. Recall then refers to how much of the information that was correctly extracted, while precision refers to the reliability of the information extracted. (EIKVIL 1999, S. 7)

Daraus resultieren die folgenden zwei Berechnungsformeln für die Qualitätsmaße:

$$\text{Precision} = \frac{\#\ \text{correct answers}}{\#\ \text{answers produced}}$$

$$\text{Recall} = \frac{\#\ \text{correct answers}}{\#\ \text{total possible answers}}$$

Abhängig von der Komplexität der Extraktionsaufgabe erreichen Information Extraction-Tools sehr unterschiedliche Ergebnisse bei entsprechenden Untersuchungen. So berichtet NEUMANN (2001) über Testergebnisse im Rahmen von MUC-7, dass bei einfachen Aufgaben, wie der Erkennung von Namen, die meisten Systeme sowohl bei der Vollständigkeit (Recall) als auch hinsichtlich der Präzision Werte von über 90 Prozent erreichten (Das beste System erreichte einen Recall von 96 Prozent und eine Precision von 97 Prozent). Die schwierigste Aufgabe war die Zusammenstellung von Szenario-Templates, d.h.

von Templates, die ein bestimmtes Szenario beschreiben, wie beispielsweise in unserem obigen Beispiel oder wie Szenarien von Unternehmensübernahmen. Die Ergebnisse lagen hierbei lediglich bei einem Recall von 40 bis 50 Prozent und einer Precision von 60 bis 70 Prozent (Das beste System erreichte bei diesen komplexeren Analyseaufgaben einen Recall von 47 Prozent und eine Precision von 70 Prozent).

Zusammenfassend lässt sich festhalten, dass Anwendungen der Informationsextraktion eine hohe Erfolgsquote bei wenig komplexen Aufgaben (wie beispielsweise der Namenserkennung) erreichen. Eine höhere Komplexität (Szenarien) verschlechtert das Ergebnis. Pragmatische Lösungen sind bereits heute in Unternehmen mit Erfolg eingeführt.

# 6. Indexierung und Retrievalverfahren

**Lernziele**

Nach der Bearbeitung dieses Kapitels sollten Sie
- die Bedeutung der automatischen Indexierung für einen späteren Retrieval-prozess verstehen,
- den Ansatz und die Arbeitsweise des Relevance Ranking (Ergebnisranking) beschreiben können,
- den Ansatz und die Arbeitsweise des Relevance Feedback beschreiben können und
- die Anwendung informationslinguistischer Verfahren in der Recherche beschreiben können.

**Z**

## 6.1 Einführung

Die Indexierung ist, wie bereits im ersten Kapitel dargestellt, ein Teilprozess des Information Retrieval, d.h. automatische Indexierungsverfahren können nicht als ein in sich geschlossener Prozess betrachtet werden. Vielmehr sind Indexierung und Recherche als aufeinander abzustimmende Teilprozesse anzusehen[45], die – sollen sie näherungsweise optimale Resultate erzielen – einem gemeinsamen und aufeinander abgestimmten Modell des Information Retrieval unterworfen sein müssen, wie dies in der Abbildung 6-1 illustriert wird.

Im Retrievalprozess wird über die Repräsentation einer Suchfrage auf die im Zuge der Indexierung erzeugten Daten (die Repräsentation von Dokumenten im IRS) zugegriffen (vgl. dazu RIGGERT 2000; FUHR 1997; STEFFENS 1997 und die einleitenden Ausführungen zum Information Retrieval in diesem Lehrbuch). Wird ein gemeinsames, den Indexierungs- und Retrievalprozess gleichermaßen berücksichtigendes Modell nicht realisiert, sind optimale Retrievalprozesse und damit befriedigende Ergebnisse im Retrieval nicht zu erreichen. Ein solches Modell der Repräsentation kann beispielsweise das kontrollierte Vokabular eines Thesaurus (inkl. der Anwendungsregeln) sein, auf dessen Basis ein Abgleich

---

45  Auch diese Darstellung ist bereits eine drastisch verkürzte Sichtweise, da zu einem Information Retrieval-System auch die Speicherorganisation, die Systemarchitektur sowie auch die organisatorischen Prozesse (bspw. automatische vs. computerunterstützte Indexierung) und nicht zuletzt der Mensch als Anwender – und damit Teil – eines solchen Systems gehören.

zwischen den Dokumenten und an das System gerichtete Anfragen vorgenommen wird. Das gemeinsame Modell kann aber auch eine statistisch realisierte Repräsentation von Dokumenten und Fragen in einem Vektorraum sein und/oder die informationslinguistische Gleichbehandlung von Dokumenttermen und Fragetermen.

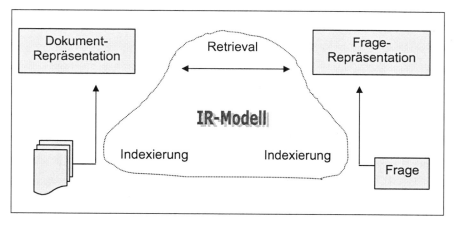

**Abbildung 6-1:** Indexierung und Retrieval im IR-Modell

Während die intellektuelle Inhaltserschließung traditionell im Zusammenhang mit so genannten „exact-match-Retrievalverfahren" (meist unter Anwendung der Booleschen Algebra mit den Operatoren UND, ODER bzw. NICHT) diskutiert und eingesetzt wird, ermöglicht *und* benötigt eine automatische Indexierung ein „intelligenteres" Retrieval-System (LUSTIG 1989, NOHR 1991). Werden, wie beispielsweise beim Einsatz von IDX, die vorkommenden Wortformen bei der Indexierung auf ihre Grundform reduziert, Mehrwortbegriffe behandelt, Komposita zerlegt usf., so ist damit die Notwendigkeit verbunden, diese Analyse- und Behandlungsverfahren in entsprechender Weise auf die Anfrageformulierungen der suchenden Benutzer anzuwenden. Wir haben hier das Prinzip der Gleichbehandlung von Dokumenten und Suchanfragen innerhalb eines Information Retrieval-Systems, wie es grafisch in der Abbildung 6-1 dargestellt wird. Die Frage der konkreten Realisierung wird durch das grundlegende Retrievalmodell beantwortet.

Auf der anderen Seite ermöglicht erst die Anwendung automatischer Indexierungsverfahren bestimmte fortschrittliche Retrievalansätze. So kann erst die Implementierung einer gewichteten Indexierung auf einer statistischen Grundlage (siehe Abschnitt 3.1) die Einführung von „best-match-Retrievalverfahren" hinreichend und sinnvoll unterstützen. Die herkömmlichen „exact-match-Retrievalverfahren" teilen eine Dokumentenkollektion – ohne jegliche Zwischenstufen –

in lediglich zwei diskrete Untermengen: in Dokumente, die den „exact match" erfüllen (in diesem Sinne relevante Dokumente), und solche, die dieses Kriterium nicht erfüllen (in diesem Sinne nicht-relevante Dokumente). Dabei werden beispielsweise Dokumente mit drei übereinstimmenden Termen, verglichen mit einer aus vier, durch den logischen Operator UND verknüpften Termen bestehende Suchanfrage genauso zurückgewiesen, wie solche mit 0 übereinstimmenden Termen. Es gibt in dieser Sichtweise der „exact-match-Retrievalverfahren" nur (exakt) passende und nicht passende Dokumente auf eine Suchfrage. Es lässt sich unschwer erkennen, dass dieses Verfahren nicht geeignet ist, die Realität unserer vagen, unscharfen und häufig sprachlich eher unpräzise formulierten Informationsbedürfnisse abzubilden.

In der Abbildung 6-2 werden Modelle des Information Retrieval im Überblick dargestellt, grundsätzlich unterschieden nach exact-match- und best-match-Modellen.

| Information-Retrieval-Modelle | | |
|---|---|---|
| **Exact-Match-Modelle** | **Best-Match-Modelle** | |
| ▪ Dokumente sind relevant oder nicht<br>▪ Abstufungen sind nicht möglich | ▪ Grad der Relevanz für jedes Dokument | |
| | **Vektorraum-Modelle** | **probabilistische Modelle** |
| | ▪ Repräsentation durch Vektoren<br>▪ Abstufung über Distanz der Vektoren | ▪ Stochastische Verfahren<br>▪ Abstufung über Wahrscheinlich-keiten<br>▪ z.B. Inferenz-netze |

**Abbildung 6-2:** Modelle des Information Retrieval (STEFFENS 1997)

In den folgenden beiden Abschnitten werden wir mit den Ansätzen des Relevance Ranking und des Relevance Feedback zwei wichtige Erweiterungen des klassischen Retrieval-Paradigmas hin zu best-match-Modellen behandeln. Beide Ansätze arbeiten mit Relevanzgraden.

## 6.2 Relevance Ranking

In Erweiterung der vorgestellten Vorgehensweise nach einem best-match-Modell werden bei den so genannten „best-match-Verfahren" die durch eine Suchanfrage nachgewiesenen Dokumente in einer Rangfolge (einem Ranking) ausgegeben, die der Ähnlichkeit der Dokumente mit der Suchanfrage entspricht. Man spricht dabei häufig von einem Verfahren des „Relevance Ranking".

**D**

**Definition *Relevance Ranking:***
Relevance Ranking erlaubt die Priorisierung der aufgefundenen Dokumente innerhalb einer Treffermenge (RIGGERT 2000). Der Priorisierung liegt das Konstrukt der Relevanz zugrunde, einer Ähnlichkeitsbeziehung, die zwischen einer Anfrage und einem Dokument besteht bzw. anhand zu definierender Ähnlichkeitsmerkmale hergestellt wird.

In dieser Sicht gibt es nur besser oder schlechter passende (relevantere oder weniger relevante) Dokumente hinsichtlich einer Suchfrage. Damit können Vagheit und Unschärfe der Informationsbedürfnisse realitätsnäher behandelt werden. Vektorraumorientierte Ansätze behandeln eine Frageformulierung lediglich wie ein weiteres Dokument im Rahmen einer Dokumentkollektion (vgl. die Beschreibung des Vektorraummodells in Abschnitt 3.1). Über eine Gewichtung der Indexterme wird eine Ähnlichkeit zwischen den Dokumenten ermittelt. Wird eine Frageformulierung als ein weiteres Dokument der Kollektion betrachtet, kann die Relevanz von Dokumenten in Bezug auf eine gestellte Anfrage ermittelt werden.

Die Ähnlichkeiten zwischen den Dokumenten und den Suchanfragen werden über den Merkmalsbesitz ermittelt. Der Anteil jeweils gleicher Merkmale drückt dabei die Ähnlichkeit aus. Merkmale von Dokumenten und Fragen sind typischerweise die jeweils enthaltenen Terme. Die vom IR-System errechnete Ähnlichkeit legt schließlich die Reihenfolge der Dokumente in der Ergebnisliste fest, die der Frage ähnlichsten Dokumente stehen an der Spitze der Ergebnisliste. Für die Berechnung der Ähnlichkeit wird häufig das so genannte Vektorprodukt angewendet, bei dem sich die Ähnlichkeit aus der Produktsumme der Termgewichte errechnet, die in Anfrage und Dokument jeweils gemeinsam vorkommen (RIGGERT 2000; SALTON/MCGILL 1987). Je höher der ermittelte Wert ist, umso weiter oben steht das Dokument in der Ergebnisliste. Ein definierter Schwellenwert sollte eine untere Relevanzgrenze festlegen. Die ermittelten Ähnlichkeiten werden in der Ergebnisliste zu jedem Dokument in der Regel angezeigt und beispielsweise in der Form von Prozentsätzen angegeben. Neben vielen bekannten Suchmaschinen im Internet (vgl. BABIAK 1998) und experimentellen Anwendungen (wie beispielsweise INQUERY in der Abbildung 6-3) wird dieses Verfahren zunehmend auch in betrieblichen Informationssystemen angewendet, wie beispielsweise in Livelink von Open Text (vgl. DIETRICH/LEDERER 2002).

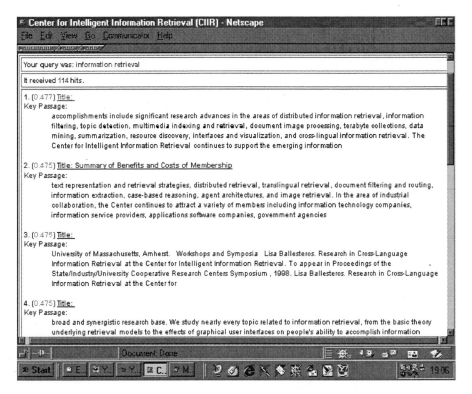

**Abbildung 6-3:** Rankingliste einer INQUERY-basierten Datenbank

Im Screenshot in der obigen Abbildung 6-3 wird ein Ergebnisranking aus einer INQUERY-basierten Datenbank des CIIR dargestellt. Das ermittelte Dokumentgewicht wird jeweils hinter der laufenden Ergebnisnummer angezeigt, im Falle des ersten angezeigten Dokuments ist dies ein Gewicht von 0.477. Die Dokumente werden in der Reihenfolge des absteigenden Dokumentgewichts (Rankingliste) ausgegeben. Die Gewichtungsfunktion erlaubt eine ausgewiesen feine Abstufung des Relevanzgrades.

Ohne eine Indexierung mit der Funktion der Termgewichtung (eine sog. Binäre Indexierung) wird der Grad einer Übereinstimmung zwischen einer Anfrage und einem Dokument über die bloße Anzahl der gemeinsamen Terme in den Dokumenten bestimmt. Die jeweiligen Terme können in diesem Falle nur gleichgewichtig behandelt werden, obwohl ihre Bedeutung innerhalb der verschiedenen Dokumente und für die Intention einer Suchfrage naturgemäß sehr unterschiedlich ausfallen kann.

Ein einfaches Beispiel soll die beschränkte Verfahrensweise dieser binären Indexierung hinsichtlich eines Ergebnisrankings in der folgenden Abbildung 6-4 verdeutlichen:

**Anfrage:** *american art 20$^{th}$ century*

| | |
|---|---|
| 4/4 | *American Art* in the *20$^{th}$ Century* |
| 4/4 | *American* Folk *Art*: *20$^{th}$ Century* Blues |
| 3/4 | *Art* in the *20$^{th}$ Century* ← |
| 2/4 | *Art* in the *American* Society ← |
| 2/4 | *American Art*: A History ← |
| 1/4 | Modern *Art* in Western Countries |

?

**Abbildung 6-4:** Relevance Ranking ohne Gewichtung

Werden die Terme hingegen gewichtet, können in einer Suchanfrage Grade der Bedeutung für ein aufzufindendes Dokument berücksichtigt werden. Die binäre Indexierung wird durch eine gewichtete ersetzt. Das Ranking der Dokumente in einer Ausgabeliste kann höhere Gewichtungen in der Rangfolge berücksichtigen. Im Beispiel aus der Abbildung 6-4 würden etwa *american* und *art* eine höhere Bedeutung für die Anfrage besitzen als *20$^{th}$* oder *century*. Die Titel *Art in the American Society und American Art: A History* würden in der Ausgabeliste *vor Art in the 20$^{th}$ Century* rücken.

Eine einfache Gewichtung der Terme für das Relevance Ranking kann durch die Berücksichtigung der Termfrequenz im Dokument ($TF_{td}$) und der inversen Dokumenthäufigkeit ($IDF_t$) erreicht werden. Beide Werte werden durch Multiplikation in Beziehung gesetzt:

$$\text{Gewicht}_{td} = TF_{td} * IDF_t$$

Sollen mehrere Terme in einer Suchfrage betrachtet werden, so werden die einzelnen Termgewichte für jedes Dokument zu einer Summe addiert. Die Summen werden für das Ranking in der Ausgabeliste herangezogen. Auf diese Weise erhalten „gute Indexterme" ein höheres Gewicht für die Festlegung der Reihenfolge der ausgegebenen Dokumente. Neben den o.g. Werten können weitere Kriterien in die Berechnung der Gewichte einbezogen werden, bspw. die Position des Terms im Dokument oder die Abstände zwischen den betrachteten Termen, aber auch die Häufigkeit von Verweisen auf eine Internetseite (vgl. BABIAK 1998, S, 77-79).

In einem solchen auf Termgewichtungen beruhenden Ergebnisranking werden die angezeigten Dokumente häufig mit einem Maß für die Relevanz-Beurteilung versehen. Welche Kriterien genau in diese Bewertung eingehen, unterliegt bei Suchmaschinen des Internet dem Geschäftsgeheimnis. Für eine eingehendere Untersuchung des Relevance-Ranking wichtiger Suchmaschinen im Internet siehe beispielsweise die Studie von COURTOIS und BERRY (1999). Auf den Hilfeseiten der deutschen Version von Excite wird der verwendete Ranking Ansatz folgendermaßen beschrieben:

> Excite listet jeweils 10 Suchergebnisse in absteigender Relevanz auf einmal auf. Das jeweils auf der linken Seite erscheinende Prozentzeichen gibt die Relevanz-Beurteilung an. Je näher dieser Wert bei 100 Prozent liegt, desto mehr entspricht (nach Auffassung der Suchmaschine) das Dokument der von Ihnen aufgegebenen Suche. Diese Werte werden automatisch von unserer Suchmaschine generiert, indem sie die Informationen auf der Site mit den Informationen in Ihrer Suchanfrage vergleicht.

Der „Auffassung der Suchmaschine" liegen natürlich Kriterien zugrunde, die durch den Betreiber der Suchmaschine über einen entsprechenden Algorithmus implementiert wurden. Dabei wird über die Frage entschieden, welche Ähnlichkeitsmerkmale in welcher Weise einer Relevanzbewertung zugrunde gelegt werden.

Für die Suchmaschine Lycos wird ein ähnliches Verfahren folgendermaßen beschrieben:

> Häufigkeit der Wörter: Dieses Relevanzkriterium vergleicht die Häufigkeit mit der ein Suchwort in einer einzelnen Ergebnisseite auftaucht, mit der durchschnittlichen Häufigkeit dieses Wortes in dem Lycos Katalog. Wenn zum Beispiel das Wort „Computer" durchschnittlich 10 mal in einem Dokument des Suchkatalogs auftaucht, dann werden Dokumente, die „Computer" mehr als 10 mal enthalten als wichtiger eingestuft als Dokumente, die dieses Suchwort weniger als 10 mal enthalten.

Problematisch an dieser Form der Relevanz ist die fachliche multidimensionalität der Lycos-Datenbank. Es lässt sich bspw. vermuten, dass Dokumente aus dem Informatik-Sektor das Wort „Computer" relativ häufig enthalten, ohne das dieses Wort für die einzelnen Dokumente eine hohe inhaltliche Signifikanz besitzt. Diese Häufigkeit beeinflusst nun jedoch auch die Relevanzbewertung für Dokumente aus anderen Disziplinen.

Ein Konzept des Relevance Ranking verwendet auch das Retrievalsystem WAIS. Abhängig davon, ob, wie häufig und an welchen Stellen ein Term aus der Suchfrage in einem Dokument auftritt, werden Punkte – sog. Scores – vergeben. Das punkthöchste Dokument erhält den Wert 1000 zugewiesen, alle weiteren relevanten Dokumente werden relativ dazu mit Werten zwischen 1 und 1000 versehen.

Fortschrittliche (nicht-Boole'sche) Retrievalmodelle lassen sich hinsichtlich ihres theoretischen Hintergrundes in probabilistische (statistische Wahrscheinlichkeitstheorie), in vektorielle (Vektorraummodell) und (zusätzlich zur Darstellung in der Abbildung 6-2) in Fuzzy-Retrievalmodelle (Theorie unscharfer Mengen) unterscheiden (KNORZ 1995), die die Ähnlichkeitsfunktion jeweils verschieden interpretieren. Wie jedoch die Untersuchungen der TREC-Conferences[46] zeigen, wirken sich diese theoretischen Unterschiede in der Praxis kaum auf die Resultate im Retrievalprozess aus. Die einzelnen Modelle sollen daher an dieser Stelle auch nicht besprochen werden (vgl. dazu SALTON/MCGILL 1987; FUHR 1997, 2004).

## 6.3 Relevance Feedback

Auch Retrieval-Verfahren, die eine schrittweise Verbesserung der Suchergebnisse zum Ziel haben und auf ein bereits erzieltes erstes Rechercheresultat aufsetzen, bedienen sich der Gewichtungsverfahren. Über Gewichtungen kann eine Reformulierung von Anfragen aufgrund bereits erzielter Suchergebnisse durchgeführt werden. In manchen Suchmaschinen des Internet finden wir diese Funktion heute beispielsweise unter verschiedenen Bezeichnungen wie „more like this", „Things like this" oder „Ähnliche Seiten" (letzteres u.a. bei Google). Diese Retrievalverfahren gehen jedoch ebenfalls auf Forschungen aus den 60er Jahren zurück (hauptsächlich von GERARD SALTON) und werden unter dem Namen *Relevance Feedback* (siehe die Abbildung 6-5) geführt (SALTON 1989, S. 319-324; SALTON/MCGILL 1987, S. 150-155; RIGGERT 2000). Beim Relevance Feedback wird ein auf die Intention einer ersten Suchanfrage „passendes" Dokument vom Suchenden ausgewählt und als „Vorlage" für einen weiteren Suchlauf genommen. Dieser zweite Suchlauf hat eine Verfeinerung des Retrievalergebnisses zum Ziel. Durch die Einführung des Relevance Feedback in das Information Retrieval entsteht ein iterativer Retrievalprozess, der die subjektiven Relevanzentscheidungen der Nutzer von IRS berücksichtigt und diese sogar zum Ausgangspunkt weiterer Suchen nach ähnlichen Dokumenten nimmt. Die Retrievalqualität lässt sich durch Relevance Feedback erheblich steigern.

---

46  Die Abkürzung TREC steht für „Text REtrieval Conference". TREC ist ein Teil des TIPSTER Text Programs in den USA und wurde 1992 gestartet. Informationen zu den bisherigen Conferences seit 1992, inkl. der Tagungsproceedings online, finden Sie unter http://trec.nist.gov.

144

**Definition *Relevance Feedback:***

D

> Relevance feedback is a process where users identify relevant documents in an initial list of retrieved documents, and the system then creates a new query based on those sample relevant documents. (CROFT 1995)

Schauen wir uns zum Verständnis dieses Verfahrens in populären Anwendungen des Internet wiederum die Beschreibung aus der Hilfefunktion einer Suchmaschine – Excite – an:

> Befindet sich unter den aufgelisteten Suchergebnissen ein Dokument, das genau dem von Ihnen gesuchten Thema entspricht? In einem derartigen Fall gehen Sie zur Liste der Suchergebnisse und zur betreffenden dort aufgeführten Site zurück. Klicken Sie hier auf den Link Ähnliche Sites, den Sie direkt neben dem Titel finden. Automatisch wird dieses Dokument jetzt als beispielhafter Ausgangspunkt für einen neuen Suchdurchgang genommen, bei dem weitere Sites gefunden werden, die dieser, von Ihnen als zutreffend bewerteten Seite inhaltlich gleichen.

Auch in WAIS ist ein Verfahren des Relevance Feedback implementiert. WAIS erweitert die ursprüngliche Suchanfrage mit Termen des ausgewählten Dokuments, weist diesen jedoch ein niedrigeres Gewicht zu als den Termen der ursprünglichen Suchanfrage. In WAIS besteht auch die Möglichkeit, nur definierte Ausschnitte eines gefundenen Dokumentes in die Suche einzubeziehen. Dabei wird in einem gefundenen Dokument der Textausschnitt markiert und mit einem Befehl (Add Section) in die Suche eingebunden. Wird nun die Suche erneut gestartet, so wird auch der gewählte Textausschnitt mit berücksichtigt.

Die folgende Abbildung 6-5 illustriert schematisch die Verfahrensweise des Relevance Feedback:

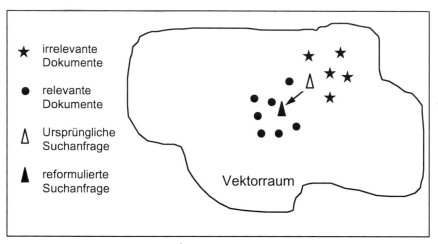

irrelevante
Dokumente

relevante
Dokumente

Ursprüngliche
Suchanfrage

reformulierte
Suchanfrage

Vektorraum

**Abbildung 6-5:** Modell des Relevance Feedback

Die Terme des ausgewählten Dokumentes werden in der Regel den ursprünglichen Suchbegriffen hinzugefügt. Terme aus der ersten Suchformulierung, die in
diesem „optimalen" Dokument nicht enthalten sind, werden für den erneuten
Suchlauf nicht weiter berücksichtigt. Im Vektorraum verändert die erneute Suchanfrage damit die Position im Vergleich mit der ursprünglichen Anfrage (Abbildung 6-5) und nähert sich auf diese Weise einem als optimal empfundenen
Retrievalergebnis an (vgl. RIGGERT 2000, S. 118-119). Dieser Vorgang kann sich
mehrfach wiederholen, bis ein zufrieden stellendes Ergebnis erzielt wurde. Die
iterative Eigenschaft des Information Retrieval kommt hier in besonderem Maße
zum Ausdruck.

## 6.4 Informationslinguistische Anwendung im Retrieval

Wie bei den statistischen Verfahren, so gilt es auch bei der Anwendung informationslinguistischer Funktionen eine Gleichbehandlung von Dokumenten bei
der Indexierung und bei Suchfragen im Retrievalprozess herzustellen. Informationslinguistische Bearbeitungen im Indexierungsprozess, wie beispielsweise
Wortformenreduktionen oder Kompositazerlegungen, müssen für die Suchfragen
nachvollzogen werden, damit ein Abgleich zwischen den Repräsentationen von
Dokumenten und Fragen erfolgreich vorgenommen werden kann.

Den Ablauf einer Recherche unter Anwendung informationslinguistischer
Verfahren (hier der Funktionen crossreference, weak stemming, strong stemming) im britischen Information Retrieval-System Okapi (SCHRÖDER 1990) illustriert die folgende Abbildung 6-6. Okapi beruht zunächst auf der Annahme, dass
die „nutzergerechteste" Form der Sucheingabe eine Freitextbeschreibung des

Suchproblems ist, ohne die Notwendigkeit für den Nutzer eine formale Syntax oder eine Semantik einer Retrievalsprache zu beherrschen.

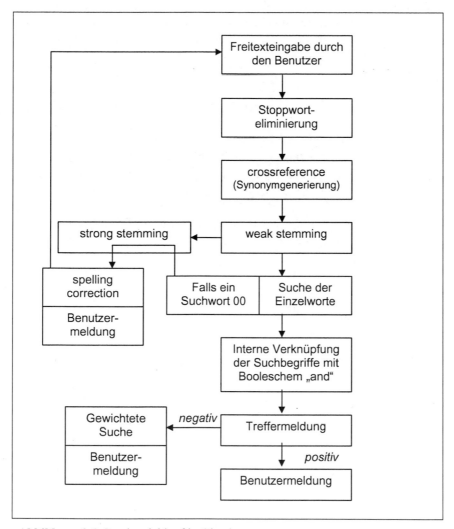

**Abbildung 6-6:** Retrievalablauf in Okapi

In der Funktion „crossreference" sind eine Reihe von informationslinguistischen Verfahren, wie sie im Abschnitt 3.2 besprochen wurden, zusammengefasst. Dabei werden u.a. unregelmäßige Pluralformen, adjektivierte Substantive, Abkürzungen oder englische und amerikanische Schreibweisen sowie echte Synonyme zusammengeführt.

Auf PORTERS Algorithmus (PORTER 1980) beruht die in Okapi implementierte Wortstammreduktion. Zunächst wird eine schwache Reduktion (weak stemming) vorgenommen (-ing, -ed usf.) und anschließend unter Umständen – bei einem unzureichenden Retrievalergebnis – eine starke Reduktion (strong stemming) angeschlossen (-ization, -ability usf.). Ein „unzureichendes" Retrievalergebnis wird hier formal, anhand der Anzahl erzielter Treffer, definiert.

Bei einem Scheitern der exact-match-Suche wird ein Ranking-Verfahren auf Grundlage des Algorithmus von HARPER zur Ermittlung und Ausgabe ähnlicher Dokumente angewendet. Die Berechnung beruht auf der Häufigkeit der einzelnen Suchbegriffe in der Dokumentenkollektion. Dabei werden Suchbegriffe höher gewichtet, je seltener sie in der Kollektion enthalten sind.

Retrieval und Indexierung – dies sollten die Ausführungen aufzeigen – sind als Prozess zu betrachten, der auf einander abgestimmt werden muss, um die gewünschten Wirkungen der Automatisierung zu erreichen.

Im nächsten Kapitel werden wir die Frage behandeln, wie eine Evaluierung automatischer Indexierung bzw. von Indexierungssystemen durchgeführt werden kann und welche Probleme sich dabei ergeben.

# 7. Evaluation automatischer Indexierung

| Lernziele |
|---|

**Lernziele**

Nach der Bearbeitung dieses Kapitels sollten Sie
- mögliche Erkenntnisziele der Evaluation von IR-Systemen und speziell einer Indexierung kennen,
- wissen, wie die Qualität einer Indexierung untersucht werden kann,
- die gängigen Retrievalmaße in Retrievaltests kennen,
- grundsätzlich einen Retrievaltest gestalten können und
- die potenziellen Probleme in der Durchführung von Retrievaltests beschreiben können.

## 7.1 Erkenntnisinteresse einer Evaluation

Bereits in früheren Abschnitten ist auf die Evaluierung von Verfahren oder Systemen der automatischen Indexierung eingegangen worden, beispielsweise im Zusammenhang mit der Darstellung der Indexierungssysteme IDX und AIR oder bei der Vorstellung des ATS-Systems von Copernic. In diesem Kapitel sollen hauptsächlich einige allgemeine Aspekte und Probleme der Evaluierung angesprochen werden.

Die Evaluierung von Information Retrieval-Systemen hat in Forschung und Praxis der Informationswissenschaft (vor allem der angloamerikanischen) bereits eine lange Tradition (vgl. dazu bspw. WOMSER-HACKER 2004; SACHSE et al. 1998; TAGUE-SUTCLIFFE 1996; SWANSON 1977). Neben weiteren Fragestellungen (wie beispielsweise Ergonomiestudien, Mensch-Maschine-Interaktion durch natürlichsprachige Recherchekomponenten oder der Einführung von Benutzerprofilen) galt und gilt ein Hauptinteresse bei der Evaluierung von IR-Systemen seit jeher der Frage nach der „richtigen" oder wenigstens doch der „besseren" Indexierung, also der Qualität einer Indexierung. Dabei lassen sich drei unterschiedliche *Erkenntnisinteressen* ausmachen, die in Untersuchungsanordnungen allein oder auch gemeinsam betrachtet werden:

i)   Der Methodenstreit um intellektuelle oder automatische Indexierung (vgl. dazu auch Abschnitt 1.2) liefert die Ausgangsposition vergleichender Untersuchungen manueller und automatischer Indexate. Dieses Erkenntnisinteresse wurde häufig auf die Stichwortextraktion/Volltextinvertierung als dritte „Methode" erweitert.

ii)   Ein anderes Interesse bei der Durchführung vergleichender Untersuchungen ist die Frage nach dem geeigneteren Verfahren der automatischen Indexierung bzw. ihrer jeweiligen Entwicklungsvarianten sowie möglicher Verfahrenskombinationen.

iii)  Die Frage nach der Eignung bestimmter Indexierungssysteme für eine konkrete Anwendungssituation steht im Mittelpunkt des dritten Interesses. Hier werden vergleichende oder Einzeluntersuchungen mit Indexierungssystemen durchgeführt.

· Da Indexierung im Rahmen des Information Retrieval als Vorbereitung von Such- und Findprozessen angesehen werden, sind Untersuchungen in der Regel in der Form von *Retrievaltests* durchgeführt worden. Grund dafür ist die von KNORZ (1997b, S. 138) formulierte Prämisse: „Eine Indexierung ist genau dann besser als eine andere, wenn die damit erzielten Retrievalergebnisse besser sind." Einen knappen Überblick über Fragestellungen und Auslegungen wichtiger Experimente dieser Art geben SACHSE et al. (1998). Einige Beispiele für Retrievaltests sowie deren Erkenntnisinteressen seien hier kurz angeführt. Im AIR/PHYS-Retrievaltest (BIEBRICHER 1986) wurde die Eignung des Indexierungssystems AIR in der Anwendung beim Fachinformationszentrum Karlsruhe untersucht (iii). Dabei wurden manuelle Indexierungen als Vergleichsdaten herangezogen (i). In den PADOK-Retrievaltests (vgl. KRAUSE/WOMSER-HACKER 1990) wurde die Methode der Volltextinvertierung mit zwei verschiedenen informationslinguistischen Verfahren in der Ausprägung der Indexierungssysteme CTX (syntaxanalytisch) und PASSAT (morphologisch/wörterbuchgestützt) untersucht (i, ii, iii). Die MILOS-Retrievaltests (LEPSKY et al. 1996; SACHSE et al. 1998) an der Universitäts- und Landesbibliothek Düsseldorf hatten zum Ziel, das System MILOS auf eine Eignung für die Anwendung zu untersuchen (iii), verglichen mit einer manuellen Indexierung und einer Stichwortextraktion (i). Die Eignung des Indexierungssystems AUTINDEX für die Indexierung wirtschaftswissenschaftlicher Dokumente im HWWA (iii) wurde in einem Test untersucht, der zudem auch einen Vergleich zu einer intellektuellen Indexierung der Dokumente vornahm (i) (vgl. HALLER et al. 2001).

Ähnliche Erkenntnisinteressen liegen auch den Untersuchungen der Qualität automatisch erzeugter Textzusammenfassungen zugrunde (HAAG 2002). Allerdings steht hierbei zusätzlich die Frage im Mittelpunkt, ob und inwieweit die automatisch erzeugten Zusammenfassungen geeignet sind den Inhalt eines Dokuments soweit wiederzugeben, dass die mögliche Relevanz abgeschätzt werden und damit der Auswahlprozess unterstützt werden kann. Tatsächlich kann hier ein Hauptinteresse gesehen werden. Konsens scheint darin zu bestehen, dass menschliches Referieren bzw. Zusammenfassen kaum als Modell für ein automatisches Verfahren angesehen werden kann (KUHLEN 1989).

Diese Darstellungen lassen deutlich werden, dass die Anwender eines untersuchten IR-Systems stets als Teil der Untersuchungsanordnung zu betrachten sind. Relevanzbewertungen, wie sie bei Retrievaltests und Studien der Qualität automatischer Zusammenfassungen im Allgemeinen notwendig werden, können beispielsweise nur durch einen Anwender durchgeführt werden vor dem Hintergrund der Aufgaben, die dieser unter Anwendung eines Informationssystems zu lösen hat. Qualität von Information ist daher immer anwender- bzw. kundenorientiert zu bewerten. Informationsqualität wird grundsätzlich verstanden als die Gesamtheit der Anforderungen an eine Information oder ein Informationsprodukt, die sich auf deren Eignung zur Erfüllung gegebener Informationsbedarfe bezieht (NOHR 2001a). Für die Untersuchung automatisch erstellter Summaries bedeutet dies beispielsweise, dass eine intrinsisch orientierte Evaluation abzulehnen ist, da sie sich an einem „optimalen Summary" orientiert. Vielmehr gilt es einen aufgabenorientierten (extrinsischen) Ansatz zu wählen, der nach der Eignung der Zusammenfassungen fragt, eine bestimmte Aufgabe zu erfüllen. Diese Bewertung kann letztlich nur der Anwender abgeben, der in dieser Aufgabe involviert ist (HAAG 2002).

Die Qualität eines Informationssystems entscheidet sich an der Frage, inwieweit das System geeignet ist Dokumente wieder aufzufinden und dabei möglichst wenig Ballast zu liefern.

> Somit ist die Güte einer Dokumentation daran zu messen, inwieweit alle für einen Benutzer relevanten Dokumentationseinheiten – und nur die für ihn relevanten – von der Dokumentationsstelle wieder aufgefunden werden. (GAUS 2000, S. 224)

Der folgende Abschnitt beschäftigt sich aus diesem Grunde mit der zentralen Problematik des Relevanzbegriffs und seiner Handhabung im Rahmen von Retrievaltests.

## 7.2 Der Begriff der Relevanz

Diese bisherige Darstellung macht bereits deutlich, dass die *Relevanz* von Dokumenten und deren *Beurteilung* eine entscheidende Rolle spielt im Rahmen von Retrievaltests bzw. als wichtigstes Kriterium angesehen wird.

> Von allen Parametern, die bei der Bewertung eines Retrievalsystems eine Rolle spielen, ist die Frage nach der Relevanz der Ergebnisse die wohl entscheidendste. (CAPURRO 1986, S. 180)

Folgerichtig gilt die Relevanz als das zentrale Kriterium in Retrievaltests und deren Operationalisierung. Ein Großteil verwendeter Bewertungsmaße basiert auf einer Differenzierung der wiedergewonnenen Dokumente in relevant und nicht-relevant (vgl. WOMSER-HACKER 2004). Zugleich stellt die Relevanz jedoch im Rahmen von Retrievaltests auch ein elementares Problem dar. Obwohl mit Retrievaltests der Versuch unternommen wird empirische und damit scheinbar objektive Befunde über die Qualität von IR-Systemen zu erhalten, geht mit dem Relevanzkriterium eine nicht-objektivierbare Größe in die Untersuchung ein. Schließlich besteht nicht einmal Einigkeit darüber, wie der Relevanzbegriff in der Informationswissenschaft (und damit auch in Bezug auf Information Retrieval) verstanden werden soll (SACHSE et al. 1998; CAPURRO 1986; PANYR 1986b; SWANSON 1977). Dies hat für Retrievaltests weitreichende Konsequenzen, hat man sich bei deren Planung und Durchführung doch intensiv mit der Relevanzproblematik zu beschäftigen. Für jeden Retrievaltest gilt es zunächst den Relevanzbegriff genau zu definieren und diese Definition im Rahmen der Ergebnispräsentation offen zu legen. Ähnliches gilt für die Frage, wie die Relevanz von Dokumenten im Rahmen von Test praktisch ermittelt wurde und durch welche Personen dies geschieht. Schließlich spielen diese Fragen eine wichtige Rolle bei einer vergleichenden Betrachtung verschiedener Retrievaltests. Eine Vergleichbarkeit von Ergebnissen verschiedener Tests kann nur bei einer identischen Klärung der Relevanzproblematik angenommen werden.

Relevanz signalisiert scheinbar einen objektiven Tatbestand in dem Sinne, dass es auf eine Suchfrage relevante und nicht-relevante Dokumente gibt. Diese Sicht vernachlässigt jedoch den Umstand, dass Suchfragen an ein Informationssystem immer vor dem Hintergrund einer zu bearbeitenden Aufgabe oder eines zu lösenden Problems gestellt werden. Sie berücksichtigt auch nicht ein Vorverständnis (CAPURRO 1986) des Fragenden sowie seine weiteren persönlichen Voraussetzungen (z.B. das Verständnis einer Sprache oder die Vertrautheit mit dem Gegenstand der Suchanfrage). Von manchen Autoren ist daher vorgeschlagen worden, den Begriff der Relevanz durch *Nützlichkeit* zu ersetzen (vgl. SWANSON 1977), da dieser Ausdruck mehr Gewicht auf die individuelle Bewertung in einer konkreten Situation legt. Tatsächlich werden diese beiden Begriffe in manchen Tests synonym verwendet.

In früheren Retrievaltests sind der Beurteilung von gefundenen Dokumenten sehr verschiedene Relevanzbegriffe zu Grunde gelegt worden. – bewusst oder unbewusst. SWANSON (1977) beschreibt zwei grundsätzliche Bezugsrahmen für den Relevanzbegriff und die Relevanzbeurteilung im Rahmen von Retrievaltests. Der erste Bezugsrahmen – *Relevanzbeurteilung als Aneignung neuen Wissens* – zielt unter Berücksichtigung des Informationsbedarfs bzw. -defizits auf neu erworbenes Wissen ab. Dieser Relevanzbegriff ist damit vollkommen von den subjektiven Erfahrungen und Sichten des Nutzers abhängig und nicht als Eigenschaft eines Dokuments oder einer Frage zu verstehen. Relevanzbeurteilungen, wie sie für die Durchführung von Retrievaltests benötigt werden, können in diesem Sinne nur durch den fragenden Nutzer getroffen werden. Dabei gilt es zu berücksichtigen, dass jedes beurteilte Dokument eines Suchergebnisses den Informationsstand und das Informationsbedürfnis des Nutzers verändert und damit die folgenden Relevanzbeurteilungen jeweils auf einer neuen Basis getroffen werden (CAPURRO 1986, S. 183).

Der zweite Bezugsrahmen von Relevanz wird von SWANSON als *vom gleichen Thema handelnd* bezeichnet. Die Relevanz wird in diesem Fall an einer begrifflichen Übereinstimmung zwischen Dokument und Frage festgemacht. Relevanz in diesem Sinne wird somit als Eigenschaft von Dokument und Frage betrachtet. Damit kann ein Dokument hinsichtlich der Relevanz für eine Fragestellung beurteilt werden, ohne die subjektiven Erfahrungen und Sichten des fragenden Nutzers zu berücksichtigen. Die Relevanzbeurteilung im Rahmen eines Retrievaltests kann daher von anderen Personen vorgenommen werden. SALTON/MCGILL (1987) sehen in diesem zweiten Bezugsrahmen eine objektive Relevanzdefinition, während der erste Bezugsrahmen als subjektiv charakterisiert wird (vgl. auch SACHSE et al. 1998).

> Mit der objektiven Relevanzdefinition läßt sich die Retrievaleffektivität wesentlich leichter bestimmen als mit dem subjektiven Relevanzkriterium. (SALTON/MCGILL 1986, S. 174)

Allerdings darf Objektivität hier nicht mit Eindeutigkeit gleichgesetzt werden. Bei der Diskussion um die Vagheit des Information Retrieval (im ersten Kapitel) und das Relevance Ranking im vergangenen Kapitel hat sich gezeigt, dass es graduelle Abstufungen der Relevanz von Antwortdokumenten gibt. Im Rahmen eines Retrievaltests muss daher eine Entscheidung getroffen werden, welche Resultate noch als relevant, welche bereits als nicht-relevant angesehen werden sollen. Im Rahmen des GIRT-Pretests wurde beispielsweise versucht durch eine vierstufige Relevanzskala solchen graduellen Abstufungen gerecht zu werden (KNORZ 1998). Die Komplexität von Retrievaltests nimmt durch solche Maßnahmen jedoch erheblich zu.

Im Rahmen des Retrievaltests zum Projekt MILOS II (vgl. auch Abschnitt 3.3.2) wurde eine objektive Relevanzdefinition gewählt, indem durch eine Person die bibliographischen Angaben der Dokumente nach Übereinstimmung mit Wörtern der Suchfrage durchgesehen wurde und auf dieser Basis eine Einteilung in die zwei Mengen relevant bzw. nicht-relevant getroffen wurde. Hingegen wurde bei der beschriebenen Evaluation des Copernic Summarizer in der Fachinformation der DaimlerChrysler AG (vgl. die Abschnitte 4.2 und vor allem 4.3) ein eher subjektiver Ansatz gewählt, indem die potenziellen Endnutzer Beurteilungen hinsichtlich der Nützlichkeit der durch das System erzeugten Zusammenfassungen vornahmen (HAAG 2002).

## 7.3 Effektivitätsmaße

Retrievaltests greifen in der Regel zur Quantifizierung der Retrievaleffektivität auf die beiden Effektivitätsmaße *Recall* (Vollzähligkeitsrate) und *Precision* (Relevanzrate oder Präzision) zurück. Die angegebenen deutschen Bezeichnungen haben sich nicht durchsetzen können. Beide Effektivitätsmaße bzw. Qualitätsmaße (Womser-Hacker 2004; MANDL 2001, S. 29) geben an, inwieweit ein Informationssystem den Qualitätsanforderungen entspricht. Sie stellen damit den Versuch dar, eine Bewertung der Informationsqualität zu operationalisieren. Für die Berechnung der beiden Maße wird eine Dokumentkollektion in Grundmengen eingeteilt, wie sie in der folgenden Abbildung 7-1 dargestellt sind.

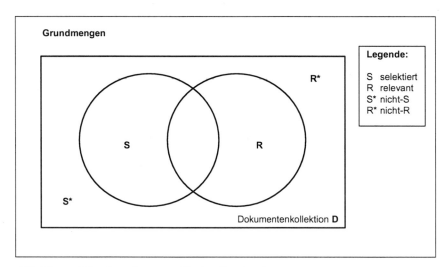

**Abbildung 7-1:** Grundmengen für den Retrievaltest

Aus der Darstellung der Grundmengen einer Dokumentkollektion in Abbildung 7-1 resultieren einige elementare Parameter für die Durchführung von Retrievaltests:

| | relevant | nicht-relevant |
|---|---|---|
| nachgewiesen | $a = R \cap S$ | $b = R^* \cap S$ |
| nicht-nachgewiesen | $c = R \cap S^*$ | $d = R^* \cap S^*$ |

**Tabelle 7-1:** Parameter in Retrievaltests

Dabei bezeichnet

a    =    die Anzahl der Dokumente, die für die Suchfrage relevant sind und bei der Recherche auch selektiert wurden,

b    =    die Anzahl der Dokumente, die zwar für die Suchfrage nicht-relevant sind, bei der Recherche aber dennoch selektiert wurden,

c    =    die Anzahl der Dokumente, die zwar relevant sind für die Suchfrage, bei der Recherche aber nicht aufgefunden wurden und

d    =    die Anzahl der Dokumente, die für die Suchfrage nicht-relevant sind und bei der Recherche auch nicht selektiert wurden.

Der Recall gibt an, wie hoch der Anteil der für eine Suchfrage relevanten Dokumente in der Kollektion ist, die durch eine Recherche tatsächlich auch aufgefunden werden. Der Recall (r) wird mit der folgenden Formel berechnet:

$$r = \frac{a}{a + c}$$

$$r = \frac{\text{Anzahl der relevanten als auch selektierten Dokumente}}{\text{Anzahl der relevanten Dokumente in der Kollektion}}$$

Die Menge der relevanten aber nicht nachgewiesenen Dokumente (c=R∩S*) wird als *missing ratio* oder *Verlustrate* bezeichnet.

Die Precision (p) gibt an, wie hoch der Anteil der für eine Suchfrage relevanten Dokumente in einem erzielten Rechercheergebnis ist und wird mit folgender Formel berechnet:

$$p = \frac{a}{a + b}$$

$$p = \frac{\text{Anzahl der relevanten als auch selektierten Dokumente}}{\text{Anzahl der selektierten Dokumente}}$$

Die Menge der durch das IRS nachgewiesenen aber nicht-relevanten Dokumente (b=R*∩S) wird als noise oder Ballast bezeichnet. Die Größe dieser Menge beeinflusst im realitären Retrievalprozess die Handhabbarkeit des Ergebnisses durch den Suchenden.

Beide Maße – Recall und Precision – nehmen Werte zwischen 0 und 1 bzw. 0 Prozent und 100 Prozent an. Wenn also als ein optimales Ziel einer Recherche die Rückgewinnung aller und nur (kein Ballast) der relevanten Dokumente aus einer Kollektion angesehen wird, so wäre r = 1 (bzw. 100 Prozent) sowie p = 1 (bzw. 100 Prozent) anzustreben. Dieses Ziel ist jedoch in der Praxis nicht realisierbar, da beide Maße negativ korreliert sind (GAUS 2000), wie die Linie A in Abbildung 7-2 auf der folgenden Seite belegt. Recall und Precision sind durch die Indexierung und das Retrieval allerdings beeinflussbar. Bei der Anwendung eines statistischen Indexierungsverfahrens ist beispielsweise durch die Variation von Schwellenwerten eine Einflussnahme wahlweise in beide Richtungen möglich. Dabei führt prinzipiell ein niedriger angesetzter unterer Schwellenwert zu einer Erhöhung des Recall, während die Heraufsetzung des unteren Schwellenwertes potenziell den Precision-Wert verbessert. Die Zusammenführung verschiedener Wortformen durch die Anwendung informationslinguistischer Verfahren ist geeignet, den Recall zu verbessern. Die Einführung des informationslinguistischen Verfahrens IDX in der Universitäts- und Landesbibliothek Düsseldorf hatte beispielsweise eine Erhöhung des Recall zum Ziel. In den Retrievaltests im Rahmen der Projekte MILOS I und MILOS II konnte nachgewiesen werden, dass dieses Ziel mit der Einführung des informationslinguistischen Verfahrens tatsächlich erreicht wurde (LEPSKY et al. 1996; SACHSE et al. 1998; zusammenfassende Ergebnisse der Tests in Abschnitt 3.2.2). In der Zusammenfassung zum Abschlussbericht über den Retrievaltest zum MILOS II-Projekt können SACHSE et al. (1998, S. 35) als Schlussfolgerung feststellen:

> Die Retrievalergebnisse ergeben durchweg einen erhöhten Recall bei nur unwesentlich gesunkener Precision. Insgesamt gesehen wird eine erhöhte Anzahl an relevanten Titeln gefunden.

Damit bestimmt u.a. die Auslegung der automatischen Indexierung die Recall- und Precision-Werte im Retrievalprozess. Die Kurve B im folgenden Recall-Precision-Diagramm (Abbildung 7-2) zeigt beispielhaft den Spielraum, der sich durch die geplante Auslegung des automatischen Indexierungsverfahrens für ein Informationssystem ergeben kann. Die tatsächlich erreichten Effekte lassen sich konkret nur durch die Durchführung von entsprechenden Tests ermitteln. Generell sind nur tendenzielle Aussagen möglich, die jedoch für die Planung und Konzeption von Informationssystemen wertvolle Hinweise liefern.

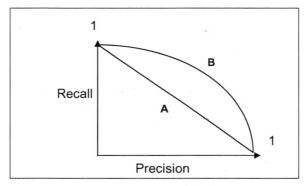

**Abbildung 7-2:** Recall-Precision-Diagramm

Eine Definition des anzustrebenden Primärziels bezüglich von Recall oder Precision ist damit schon in der Konzeptionsphase von Informationssystemen erforderlich.

## 7.4 Aussagefähigkeit von Retrievaltests

Retrievaltests unterliegen einer ganzen Reihe von Variablen, die für jeden Test definiert und offen gelegt werden müssen (SACHSE et al. 1998). Gruppen von Variablen sind:

- *Zweck:* Welcher Zweck soll mit dem Test verfolgt werden, welches Wissen soll erlangt werden, welche Hypothesen gilt es zu prüfen?

- *Technische Umgebung:* Datenbanksystem, Retrievalsystem usf.

- *Menschliche Umgebung:* Für welche Nutzer und für welche Nutzungsanforderungen wird das Informationssystem eingesetzt?

- *Datensammlung:* Welche Datensammlung steht zur Verfügung, welchen Umfang hat sie?

- *Suchparameter:* Wer führt die Suche in einem System aus (der Endnutzer oder ein geübter Rechercheur?), welche Suchfragen sollen im Test verwendet werden, woher stammen diese (aus der Praxis oder für den Test konstruiert?), wie können und sollen die Fragen formuliert werden (bspw. natürlichsprachig, boole'sche Logik)?

- *Relevanz:* Welche Relevanzdefinition wird verwendet, wie wird die Relevanz beurteilt und in welchem Umfang soll eine Abstufung stattfinden (s.o.)?

■    *Indexierung:* Welche Indexierungen stehen zur Verfügung, wurde recall-orientiert oder precision-orientiert indexiert?

Mit diesen Variablen ist keine vollständige Aufzählung angestrebt. Vielmehr soll verdeutlicht werden, dass für jeden durchzuführenden Retrievaltest klar definierte und kontrollierte Versuchsbedingungen herzustellen und zu dokumentieren sind. Deutlich wird bei dieser Vielzahl von Einflussgrößen auch die Schwierigkeit der Vergleiche zwischen verschiedenen Retrievaltests.

> Viele methodische Probleme der Auswertung gelten heute noch nicht als befriedigend gelöst (Beispielsweise sind die bekannten Retrievalmaße Precision und Recall keineswegs unumstritten, und die notwendige Mittelung von Einzelergebnissen sowie das Bewerten von Rankingergebnissen [...] bringt eine Fülle weiterer schwieriger Probleme hinzu.) und generell kann man kaum verbindlich sagen, wie man die Ergebnisse eines konkreten Tests verallgemeinern darf: auf andere Nutzerinteressen, andere Fachgebiete, andere Retrievaltechniken. (KNORZ 1994, S. 145)

Durchgeführte Retrievaltests sind hinsichtlich ihres Wertes und ihrer Aussagefähigkeit immer wieder kritisiert worden. Grund dafür sind in der Regel die Versuchsbedingungen. Tests mit größeren Kollektionen können meist nicht den Recallwert bestimmen, da es nicht möglich ist die Anzahl der relevanten Dokumente für eine größere Zahl von Suchfragen festzulegen (z.B. beim Medlars-Test, bei dem die Zahl relevanter Dokumente geschätzt wurde, oder bei MILOS II). Daher wurden häufig Laborbedingungen mit sehr kleinen Testkollektionen geschaffen. Der Retrievaltest Cranfield II operierte auf 1.400 Dokumente, der Inspec-Test auf lediglich 542 Dokumente und für die Untersuchung von AUTINDEX im HWWA wurden nur 89 Dokumente ausgewertet. Die Aussagekraft bleibt dabei allerdings beschränkt (KNORZ 1997b; SACHSE et al. 1998). Im Rahmen der experimentellen Untersuchungen zum System SMART wurden Tests immer wieder auf die dieselbe Dokumentkollektion durchgeführt, wobei die Gefahr besteht, dass eine Optimierung auf diese Kollektion erfolgt ist. Schließlich bleibt bei der Vielzahl der beeinflussenden Variablen unklar, ob bestimmte Effekte ausschließlich auf die Indexierung zurückgeführt werden können oder ob weitere Einflüsse eine Rolle gespielt haben.

Daher sind in den 1990er Jahren vor allem im Rahmen der TREC Conferences (vgl. z.B. MANDL 2001; HARMAN 1998; TAGUE-SUTCLIFFE 1996) einheitliche und kontrollierte Testbedingungen für vergleichende Retrievalexperimente zur Verfügung gestellt worden. Für den deutschsprachigen Raum wurde im Rahmen von GIRT eine ähnliche Testumgebung geschaffen (KNORZ 1997a). Auch einheitliche und kontrollierte Testbedingungen können nicht alle Probleme befriedigend lösen, so wird bspw. die Relevanzbeurteilung im Rahmen von TREC teilweise kritisch gesehen (vgl. SACHSE et al. 1998).

Bei aller Fragwürdigkeit der Testbedingungen und der Methodik der Bewertung ermittelter Resultate, zeigen viele Retrievaltests insgesamt eine Überlegenheit der automatischen Indexierung gegenüber manuellen Verfahren. Dabei sind in der Regel einfache Indexierungsverfahren methodisch komplexen Ansätzen überlegen. So zeigte sich häufig, dass grundlegende morphologische Analysen einer syntaxanalytischen Ermittlung von komplexen Phrasen überlegen zu sein scheinen (PADOK-Test).

# 8. Resümee

Für die betriebliche Informationswirtschaft ist die effiziente und effektive Verarbeitung unstrukturierter Informationen in Dokumenten eine der zentralen Aufgaben. Interne wie externe Informationssysteme werden betrieben um dieser Aufgabe gerecht zu werden. Die Menge anfallender Dokumente kann heute ausschließlich mit automatischen Verfahren erfolgen, wenn eine effiziente und effektive Informationsverarbeitung erreicht werden soll, die heute Grundlage jedes erfolgreichen wirtschaftlichen Handelns ist.

Entscheidend für den Erfolg aller dieser Informationssysteme ist daher die automatische Erschließung der vorliegenden Information, im gegebenen Zusammenhang die automatische Indexierung der Dokumente. Eine Reihe im Grundsatz verschiedener Verfahrensansätze der automatischen Indexierung sind durch die IR-Forschung seit den 50er Jahren entwickelt worden, praktische Relevanz haben heute vor allem statistische sowie informationslinguistische Verfahren – meist in der Kombination dieser beiden Ansätze – erlangt. Dabei haben verschiedene empirische Untersuchungen (Retrievaltests) gezeigt, dass insbesondere diese Verfahren allen manuellen Methoden überlegen sind. Der Ansatz der begriffsorientierten Verfahren geht mit höheren qualitativen Erwartungen an das Indexierungsergebnis einher, die heute jedoch nur in Grenzen erfüllt werden und zudem mit einem hohen Einstiegsaufwand verbunden sind. Künftig wird den Verfahren der Mustererkennung eine größere Bedeutung zukommen, da insbesondere diese Systeme in einem begrenzten Umfang lernfähig sind.

Jeder der in diesem Buch behandelten Verfahrensansätze geht mit grundsätzlich unterschiedlichen Grundannahmen, Eingangsvoraussetzungen und Zielsetzungen an die Indexierungsaufgabe heran. Daher ist für jedes Projekt der Einführung automatischer Indexierungsverfahren eine detaillierte Analyse der gegebenen Voraussetzungen (wie beispielsweise der Umfang der Dokumentkollektion, die Sprache der Dokumente, ein- oder mehrsprachige Kollektion, der Umfang der gegebenen Texte usw.) erforderlich. Da die einzelnen Verfahrensansätze zu deutlich unterschiedlichen Indexierungsresultaten führen, ist eine Zieldefinition unbedingt notwendig. Hierbei ist jeweils der gesamte Prozess des Information Retrieval zu betrachten, da ein aufeinander abgestimmtes Modell gefunden werden muss. Die Anwender und Nutzer werden mit ihren Anforderungen und Qualifikationen von Beginn an in die Betrachtung einbezogen werden müssen, da sie Teil des Information Retrieval-Systems sind. Komplexere Indexierungsverfahren generieren zwar qualitativ höherwertige Indexierungsergebnisse (z.B. spezifischere Indexterme in der Form von Mehrwortgruppen), führen in der Regel allerdings zu komplexeren Anforderungen an das Retrieval und damit auch zu höheren Anforderungen an die Qualifikation der Informationssuchenden. Dies sollte sorgfältig bedacht werden (KRAUSE 1996).

Retrievaltests, die u.a. die Qualität einer Indexierung ermitteln können, sind notwendig für jeden Anwendungskontext. Nur unter Berücksichtigung der jeweils eigenen Rahmenbedingungen bei der Anwendung von IR-Systemen, können Aussagen experimentell ermittelt werden. Allerdings sind Retrievaltests selbst eine komplexe und wenig beherrschte Methode.

Die große Vielfalt der zur Verfügung stehenden Verfahren der automatischen Indexierung bietet heute für nahezu jeden Anwendungskontext interessante und anwendbare Lösungen an, die insbesondere dort ihre Wirkung erzielen, wo Massendaten verarbeitet werden müssen.

Eine zunehmende Bedeutung erhalten derzeit Textanalyseverfahren, die über eine reine Indexierung hinaus reichen. Text Mining und Information Extraction dienen einer weiterführenden Analyse und Verarbeitung von Textinformationen. Methodisch basieren auch diese Ansätze z.T. auf Verfahren, die aus dem Bereich der Indexierung bekannt sind. Anforderungen an eine tiefere und komplexere Analyse und der direktere wirtschaftliche Nutzen werden in diesen Bereichen der Dokumentanalyse in den kommenden Jahren intensive Forschungen voran treiben.

# Anhang

Nachfolgend sind zwei Meldungen der Agentur Reuters vom 20. März 2000 wiedergegeben. Diese Meldungen dienen als Beispieltexte.

**Beispiel I:**

BMW plant eigenen Internet-Marktplatz

Hamburg (Reuters) – Der BMW-Konzern plant einem Zeitungsbericht zufolge eine eigene Plattform für einen elektronischen Marktplatz. Die "Financial Times Deutschland" berichtete am Mittwoch, BMW wolle bei dem elektronischen Marktplatz aber nicht mit der Plattform der drei Hersteller DaimlerChrysler, Ford Motors und General Motors konkurrieren. Das BMW-Modell soll sich dem Bericht zufolge auf sogenanntes indirektes Material beziehen, dass BMW nicht unmittelbar für die Produktion seiner Fahrzeuge benötigt. Das Konzept der drei Konkurrenz-Konzerne zielt hingegen auf einen elektronischen Marktplatz für die Zulieferindustrie.

**Beispiel II:**

Freenet steigt bei Musik-Portal ein

Hamburg (Reuters) – Der Hamburger Online-Dienst Freenet hat sich mit 50 Prozent an der music@lines AG beteiligt. Ziel der Zusammenarbeit sei es, das Musik-Portal der neuen Beteiligung zu einem führenden Angebot im Internet auszubauen, teilte die am Frankfurter Neuen Markt gelistete Mobilcom-Tochter am Mittwoch in einer Pflichtveröffentlichung mit. Von April an werde das gemeinsam betriebene Portal zehn Online-Channels mit abspielbaren Titeln, Internet-Radio und redaktionellen Beiträgen zum Thema Musik sowie der Möglichkeit zum Ticket-Kauf anbieten.

# Kontrollfragen

Dieser Abschnitt soll den Leserinnen und Lesern die Möglichkeit zur Selbstkontrolle geben. Zu diesem Zwecke sind, nach Kapiteln sortiert, Klausurfragen wiedergegeben, die der Autor in den vergangenen Jahren gestellt hat. Für weitergehende Fragen und Antworten zur intellektuellen Indexierung sowie zum Information Retrieval sei auf das Lehrbuch von GAUS (2000) verwiesen.

### Kapitel 1: Einleitung

**F.1.1** Begründen Sie die Notwendigkeit einer automatischen Indexierung von Dokumenten.

**F.1.2** Wie wird die automatische Indexierung in das Gebiet des Information Retrieval eingeordnet?

**F.1.3** Inwiefern kann Information Retrieval als iterativer Prozess bezeichnet werden?

**F.1.4** Wodurch unterscheiden sich grundsätzlich intellektuelle und automatische Ansätze der Indexierung?

**F.1.5** Welche Rolle spielt der Begriff der Unschärfe im Information Retrieval?

**F.1.6** Welche Anwendungsfelder für die automatische Indexierung kennen Sie in Unternehmen?

### Kapitel 2: Automatische Indexierung

**F.2.1** Was versteht man unter einem Extraktionsverfahren?

**F.2.2** Was versteht man unter einem Additionsverfahren?

**F.2.3** Welche Rolle spielt die Abbildtheorie für die automatische Indexierung?

**F.2.4** Welche Verfahrensklassen der automatischen Indexierung kennen Sie?

**F.2.5** Kann die Volltextinvertierung zu den automatischen Indexierungsverfahren gezählt werden?

### Kapitel 3: Verfahren der Automatischen Indexierung

**F.3.1**  Durch welche Merkmale ist ein entscheidungsstarker Indexterm charakterisiert, wenn ein statistisches Verfahren der automatischen Indexierung angewendet wird?

**F.3.2**  Erläutern und begründen Sie die beiden Faktoren der Formel zur Berechnung der inversen Dokumenthäufigkeit.

**F.3.3**  Warum werden informationslinguistische Analysen in Vorbereitung einer statistischen Indexierung durchgeführt? Geben Sie Beispiele für Ihre Begründung.

**F.3.4**  Erläutern Sie die Unterschiede zwischen algorithmischen und wörterbuchgestützten informationslinguistischen Indexierungsverfahren.

**F.3.5**  Nennen Sie vier sprachliche Phänomene, die durch informationslinguistische Verfahren im Rahmen des Information Retrieval bearbeitet werden sollen. Geben Sie jeweils ein Beispiel an.

**F.3.6**  Erläutern Sie die Gründe und die Auswirkungen der Fehlerklassen des *understemming* und des *overstemming* bei einer informationslinguistischen Indexierung. Geben Sie jeweils Beispiele an.

**F.3.7**  Charakterisieren Sie das Indexierungsverfahren MILOS.

**F.3.8**  Erläutern Sie, wie generell ein Reduktionsalgorithmus arbeitet.

**F.3.9**  Im probabilistischen Indexierungsverfahren AIR/X wird die Verbindung zwischen Texttermen und Deskriptoren über die statistische *Relation Z* berechnet.
a) Geben Sie die Formel zur Berechnung der Relation Z an.
b) Erläutern Sie die Formel.

**F.3.10** Welche Bedeutung haben Schwellenwerte bei der statistischen automatischen Indexierung?

### Kapitel 4: Keyphrase Extraction

**F.4.1**  Text Summarization kann in zwei grundsätzlich unterschiedliche Verfahrensansätze gegliedert werden. Nennen und charakterisieren sie diese Ansätze kurz.

**F.4.2** Was versteht man unter Keyphrase Extraction?

**F.4.3** Wie können Keyphrases in einem Dokument identifiziert werden?

**F.4.4** Welche Rolle spielen Auszeichnungssprachen für die Testzusammenfassung?

## Kapitel 5: Text Mining und Information Extraktion

**F.5.1** Beschreiben Sie das Ziel der Informationsextraktion.

**F.5.2** Welche betriebliche Zwecke können mit Anwendungen der Informationsextraktion verfolgt werden?

**F.5.3** Welchen Unterschied macht es, ob Informationen aus semi-strukturierten oder unstrukturierten Dokumenten extrahiert werden?

**F.5.4** Wie können Namen von Personen und Unternehmen identifiziert werden?

**F.5.5** Wie wird die Qualität der Extraktionsergebnisse beurteilt?

**F.5.6** Beschreiben Sie das Ziel von Text Mining.

**F.5.7** Welche betriebliche Zwecke können mit Anwendungen des Text Minings verfolgt werden?

**F.5.8** Wie können Ontologien im Rahmen von Extraktionsverfahren eingesetzt werden?

## Kapitel 6: Indexierung und Retrievalverfahren

**F.6.1** Was sind die Vor- und Nachteile des Booleschen Retrievals?

**F.6.2** Beschreiben Sie den Sinn des Relevance Feedback im Information Retrieval sowie die Funktionsweise dieses Verfahrens.

**F.6.3** Was verstehen Sie unter einem Relevance Ranking?

**F.6.4** Wie kann ein Relevance Ranking erreicht werden?

**F.6.5** Wie arbeiten „exact-match-Retrievalverfahren"?

**F.6.6** Wie können Ähnlichkeiten zwischen Dokumenten und Suchfragen ermittelt werden?

### *Kapitel 7: Evaluation Automatischer Indexierung*

**F.7.1** Welche Erkenntnisinteressen verfolgt eine Evaluation der Indexierung?

**F.7.2** Welche Gruppen von Variablen sind bei der Durchführung von Retrievaltests zu berücksichtigen?

**F.7.3** Wie wird der Recall berechnet, wie die Precision?

**F.7.4** Was sagen die Maße Recall und Precision aus?

**F.7.5** Kann die Relevanz von Dokumenten objektiv bestimmt werden? Begründen Sie Ihre Antwort.

**F.7.6** Beurteilen Sie die Aussagefähigkeit von Retrievaltests.

# Abkürzungsverzeichnis

| | |
|---|---|
| AIR | (Projekt zur Weiterentwicklung der) automatischen Indexierung und des Information Retrieval |
| ASK | Anomalous State of Knowledge |
| ATS | Automatic Text Summarization |
| CIIR | Center for Intelligent Information Retrieval |
| CMS | Content-Managementsystem |
| CONDOR | Communikation in Natürlicher Sprache mit dialog-orientiertem Retrieval |
| COPSY | Context Operator Syntax |
| CTX | Computergestützte Texterschließung |
| DFG | Deutsche Forschungsgemeinschaft |
| DMM | Deutsche Malaga-Morphologie |
| DMS | Dokumenten-Managementsystem |
| DOKFREQ | Dokumentenfrequenz |
| dpa | Deutsche Presse-Agentur |
| DPI | Deutsches Patentinformationssystem |
| DRT | Document Related Technologies |
| DTD | Document Type Definition |
| ENDS | Euratom Nuclear Documentation System |
| ENGTWOL | ENGlish TWO-Level-Morphology |
| FIPRAN | Firmen- und Produktinformations-Analyse |
| FREQ | Termfrequenz |
| GERHARD | GERman Harvest Automated Retrieval and Directory |
| GERTWOL | GERman TWO-Level-Morphology |
| GIRT | German Indexing and Retrieval Testdatabase |
| HdM | Hochschule der Medien |
| HTML | Hyper-Text Mark-up Language |
| HWWA | Hamburgisches Welt-Wirtschafts-Archiv |
| IAO | (Fraunhofer) Institut Arbeitswirtschaft und Organisation |
| IDF | Inverse Document Frequency (Inverse Dokument-häufigkeit) |
| IE | Information Extraction (Informationsextraktion) |
| IF | Information Filtering |
| IR | Information Retrieval |
| IRS | Information Retrieval-System |
| IZIS-ET | Internationales Zweiginformationssystem Elektrotechnik |

| | |
|---|---|
| JUDO | Juristische Dokumentanalyse |
| KASCADE | Katalogerweiterung durch Scanning und Automatische DokumentErschließung |
| NRC | National Research Council |
| MILOS | Maschinelle Indexierung zur erweiterten Literatur-Erschließung in Online-Systemen |
| MUC | Message Understanding Conferences |
| OCR | Optical Character Recognition |
| OSIRIS | Osnabrücker Intelligent Research Information System |
| PADOK | Patent Dokumentation |
| RSWK | Regeln für den Schlagwortkatalog |
| SAP-SEM | SAP Strategic Enterprise Management |
| SGML | Standard Generalized Mark-up Language |
| SOIF | Summary Object Interchange Format |
| TCS | Text Categorization Shell |
| TIMES | Trainable InforMation Extraction System |
| TF | Termfrequenz |
| TREC | Text Retrieval Conferences |
| UDK | Universelle Dezimalklassifikation |
| WAI | Wörterbuchentwicklung für automatisches Indexing |
| WAIS | Wide Area Information Service |
| WSD | Word Sence Disambiguation |
| WWW | World Wide Web |
| XML | eXtensible Markup Language |

# Abbildungsverzeichnis

# Tabellenverzeichnis

# Literaturverzeichnis

**ABECKER, A.; BERNARDI, A.; MAUS, H.:** Potenziale der Geschäftsprozessorientierung für das Unternehmensgedächtnis. In: ABECKER, A. et al. (Hrsg.): Geschäftsprozessorientiertes Wissensmanagement. Berlin: Springer, 2002. S. 215-248

**ABECKER, A.; VAN ELST, L.:** Ontologies for Knowledge Management. In: STAAB, S.; STUDER, R. (Ed.): Handbook on Ontologies. Berlin: Springer, 2003

**AHLFELD, C.:** Ein Reduktionsalgorithmus für deutsche Wortformen als Softwarewerkzeug zur Optimierung des Recalls bei Literaturrecherchen durch OPAC-Benutzer – ein Schritt auf dem Weg zur dritten OPAC-Generation. Fachhochschule Hamburg, Fachbereich Bibliothek und Information, 1995 (Diplomarbeit)

**ALLIGER, W.; RICHTER, W.:** Ein Verfahren zur automatischen Indexierung deutschsprachiger Texte im Rahmen des Internationalen Zweiginformationssystems Elektrotechnik. In: Informatik 25 (1978) 4, S. 10-15

**ALTENHOFEN, CH.; STANISIC-PETROVIC, M.; JUNKER, M.; KIENINGER, TH.; HOFMANN, H.R.:** Dokumentenverwaltungs-Systeme: erwünscht, aber noch zu teuer. In: Wissensmanagement 4 (2002) 3, S. 32-35 [2002a]

**ALTENHOFEN, CH.; STANISIC-PETROVIC, M.; JUNKER, M.; KIENINGER, TH.:** Werkzeugeinsatz in der Dokumentenverwaltung. In: Computerworld 15/2002, S. 6-11 [2002b]

**ANDERSON, J. D.; PÉREZ-CARBALLO, J.:** The nature of indexing: how humans and machines analyze messages and texts for retrieval / Part II: Machine indexing, and the allocation of human versus machine effort. In: Information Processing & Management 37, 2001, S. 255-277

**ANGELE, J.:** Einsatz von Ontologien zur intelligenten Verarbeitung von Informationen. In: Industrie Management 19 (2003) 3, S. 53-55

**APPELT, D.E.; ISRAEL, D.:** Introduction to Information Extraction Technology: IJCAI-99 Tutorial; August 2, 1999, Stockholm. Menlo Park, CA: SRI International

**Automatische Indexierung IDX mit Übersetzungsfunktion.** Hrsg.: SOFTEX GmbH. Saarbrücken 1997

**Automatische Klassifikation.** In: PROJECT CONSULT Newsletter vom 20.4.2001, S. 3-5

**BABIAK, U.:** Effektive Suche im Internet: Suchstrategien, Methoden, Quellen. 2. Auflage. Köln: O'Reilly, 1998

**BAGGA, A.; CHAI, J.; BIERMANN, A.:** Extracting Information from Text. In: WANG, P.P. (Ed.): Computing with Words. New York: Wiley, 2001. S. 209-234

**BEHME, W.; MUCKSCH, H.:** Auswahl und Klassifizierung externer Informationen zur Integration in ein Data Warehouse. In: Wirtschaftsinformatik 41 (1999) 5, S. 443-448

**BEHME, W.; MULTHAUPT, M.:** Text Mining im strategischen Controlling. In: HDM (1999) 207, S. 103-114

**BELKIN, N.J.; CROFT, W.B.:** Information Filtering and Information Retrieval: Two Sides of the Same Coin? In: Communications of the ACM, December 1992, Vol. 35 No.12, S. 29-38

**BEUTHNER, A.:** Wissensmanagement lockt die Anwender. In: InformationWeek Nr. 9 vom 19. April 2001, S. 26-31

**BIEBRICHER, P.; FUHR, N.; LUSTIG, G.; SCHWANTNER, M.; KNORZ, G.:** Das automatische Indexierungssystem AIR/PHYS. In: Deutscher Dokumentartag 1987: Von der Information zum Wissen – vom Wissen zur Information: Traditionelle und moderne Informationssysteme für Wissenschaft und Praxis. Weinheim: VCH, 1988. S. 319-328

**BIEBRICHER, P.; FUHR, N.; NIEWELT, B.:** Der AIR-Retrievaltest. In: LUSTIG, G. (Hrsg.): Automatische Indexierung zwischen Forschung und Anwendung. Hildesheim: Olms, 1986. S. 127-143

**BRILMAYER, I.; SCHELLKES, W.; SCHLOTTE, M.; SEITNER, P.:** Experiment mit automatischer Indexierung. FH Darmstadt, Fachbereich IuD, 1997 (http://www.iud.fh-darmstadt.de/iud/wwwmeth/lv/ss97/wpai/grpair/ausarb1.htm)

**BROGLIO, J.; CALLAN, J.P.; CROFT, W.B.:** INQUERY System Overview. In: Proceedings of the TIPSTER Text Program (Phase 1), 1994. San Francisco. S. 47-67

**BROWNE, G.:** Automatic Indexing and Abstracting. In: AusSI Newsletter 20 (1996) July 1996, S. 4-9

**CAPURRO, R.:** Hermeneutik der Fachinformation. Freiburg: Alber, 1986

**Chancen und Risiken automatischer Klassifikation.** In: PROJECT CONSULT Newsletter v. 7.2.2000, S. 12-13

**CLEMATIDE, S.; VOLK, M.:** Linguistiasche und semantische Annotation eines Zeitungskorpus. In: LOBIN, H. (Hrsg.): Proc. Der GLDV-Frühjahrestagung 2001. S. 201-209

**COPERNIC:** Copernic Summarization Technologies White Paper. April 2002

**COWIE, J.; LEHNERT, W.:** Information extraction. In: Communications of the ACM 39 (1996) 1, S. 51-87

CROFT, W.B.: What Do People Want from Information Retrieval? The Top Ten Research Issues for Companies that Use and Sell IR Systems. In: D-Lib Magazine, November 1995 (http://www.dlib.org/dlib/november95/11croft.html)

CRYSTAL, D.: Die Cambridge Enzyklopädie der Sprache. Frankfurt a.M.: Campus, 1995

COURTOIS, M.P.; BERRY, M.W.: Results Ranking in Web Search Engines. In: Online, May 1999.
(http://www.onlineinc.com/onlinemag/OL1999/courtois5.html)

DÄßLER, R.: Informationsvisualisierung: Stand, Kritik und Perspektiven. Fachhochschule Potsdam, o.J.

DÄßLER, R.; PALM, H.: Virtuelle Informationsräume mit VRML: Informationen recherchieren und präsentieren in 3D. Heidelberg: dpunkt-Verlag, 1998

DENGEL, A.; JUNKER, M.: Implementierung eines kollaborativen Unternehmensgedächtnisses via Text Mining. In: HANNIG, U. (Hrsg.): Knowledge Management und Business Intelligence. Berlin: Springer, 2002. S. 149-159

DETZEL, G.: Auf den Inhalt kommt es an: Dokumenteninterpretation – ein K.-o.-Kriterium. In: Computerwoche 28 (2001) 12

DIETRICH, N.; LEDERER, TH.: Livelink von Open Text. In: VERSTEEGEN, G. (Hrsg.): Management-Technologien: Konvergenz von Knowledge-, Dokumenten-, Workflow- und Contentmanagement. Berlin: Springer, 2002. S. 231-264

DIN 31623-1 (1988): Indexierung zur inhaltlichen Erschließung von Dokumenten. In: Publikation und Dokumentation 2. 3. Aufl. Berlin: Beuth, 1989. S. 275-279

DÖRRE, J.; GERSTL, P.; SEIFFERT, R.: Volltextsuche und Text Mining. In: CARSTENSEN, K.-U. et al. (Hrsg.): Computerlinguistik und Sprachtechnologie – Eine Einführung. Heidelberg: Spektrum Akademischer Verlag, 2001. S. 425-441

EHRMANN, D.: BINDEX – Bilingual Automatic Parallel Indexing and Classification. Final Project Report. Frankfurt: Fachinformationszentrum Technik, 2002

EIKVIL, L.: Information Extraction from World Wide Web – A Survey. Norwegian Computer Group, Report 945, 1999

ENDRES-NIGGEMEYER, B.: Summarizing Text for Intelligent Communication. In: Knowledge Organization 21 (1994) 4, S. 213-223

ENDRES-NIGGEMEYER, B.: Summarizing Information. Berlin: Springer, 1998

ENDRES-NIGGEMEYER, B.: Textzusammenfassung. In: CARSTENSEN, K.-U. et al. (Hrsg.): Computerlinguistik und Sprachtechnologie – Eine Einführung. Heidelberg: Spektrum Akademischer Verlag, 2001. S. 456-461

EULER, T.: Informationsextraktion durch gezielte Zusammenfassung von Texten. Vortrag, FGML 2001, Dortmund

FERBER, R.: Information Retrieval: Suchmodelle und Data-Mining-Verfahren für Textsammlungen und das Web. Heidelberg: dpunkt-Verlag, 2003

FOLTZ, P.W.; DUMAIS, S.T.: Personalized Information Delivery: An Analysis of Information Filtering Methods. In: Communications of the ACM 35 (1992) 12, S. 51-60

FORST, A.: Dokumente speichern, indizieren und wiederfinden. In: Wissensmanagement 2 (1999) 2, S. 23-28

Fugmann, R.: Theoretische Grundlagen der Indexierungspraxis. Frankfurt: Indeks-Verlag, 1992

FUHR, N.: Information Retrieval: Skriptum zur Vorlesung. Universität Dortmund, 1997

FUHR, N.: Theorie des Information Retrieval I: Modelle. In: KUHLEN, R.; SEEGER, TH; STRAUCH, D. (Hrsg.): Grundlagen der praktischen Information und Dokumentation. Band 1: Handbuch zur Einführung in die Informationswissenschaft und –praxis. 5. Aufl. München: Saur, 2004. S. 207-214

GAUS, W.: Dokumenations- und Ordnungslehre: Theorie und Praxis des Information Retrieval. 3. Auflage. Berlin: Springer, 2000

GEBHARDT, F.: Dokumentationssysteme. Berlin: Springer, 1981

GEIS, A.: Computergestützte Inhaltsanalyse – Hilfe oder Hinterhalt. In: C. ZÜLL und P.Ph. MOHLER (Hrsg.): Textanalyse: Anwendungen der computerunterstützten Inhaltsanalyse. Opladen: Westdeutscher Verlag, 1992. S. 7-32

GEIßLER, ST.: The DocCat System: Automatic Indexing in a Practical Application. In: SCHMIDT, R. (Hrsg.): Medien-Informationsmanagement: Praxis – Projekte – Präsentationen. Potsdam: Verlag für Berlin-Brandenburg, 2000. S. 4-54

GENZMER, H.: Deutsche Grammatik. Frankfurt a.M.: Insel Verlag, 1995

GENTSCH, P.: Wissen managen mit innovativer Informationstechnologie. Wiesbaden: Gabler, 1999

GERICK, Th.: Recherchetechniken: Suchen und Finden sind zweierlei. Dokumenten-Management / Intelligentes Information Retrieval als KM-Basistechnik. In: Computerwoche Nr. 7/2000, S. 90-92

GÖDERT, W.; LIEBIG, M.: Maschinelle Indexierung auf dem Prüfstand: Ergebnisse eines Retrievaltests zum MILOS II Projekt. In: Bibliotheksdienst 31 (1997) 1, S. 59-68

GÖRZ, G.: Wissensrepräsentation und die Verarbeitung natürlicher Sprache. In: STRUSS, P. (Hrsg.): Wissensrepräsentation. München: Oldenbourg, 1991. S. 87-101

**GOESER, S.**: Linguistik und Wissensrepräsentation im Information Retrieval. In: it + ti – Informationstechnik und Technische Informatik 36 (1994) 2, S. 19-26

**GOESER, S.**: Inhaltsbasiertes Information Retrieval: Die TextMining-Technologie. In: LDV-Forum (1997) 1

**GOTTHARD, W.; MARWICK, A.; SEIFFERT, R.**: Mining Text Data. In: DB2 Magazine online, Winter 1997

**GROTHE, M.; GENTSCH, P.**: Business Intelligence: Aus Informationen Wettbewerbsvorteile gewinnen. München: Addison-Wesley, 2000

**GRÄBNITZ, V.**: PASSAT: Programm zur Automatischen Selektion von Stichwörtern aus Texten. In: KRAUSE, J. (Hrsg.): Inhaltserschließung von Massendaten: Zur Wirksamkeit informationslinguistischer Verfahren am Beispiel des Deutschen Patentinformationssystems. Hildesheim: Olms, 1987. S. 36-55

**HAAG, M.**: Automatic Text Summarization: Evaluation des Copernic Summarizer und mögliche Einsatzfelder in der Fachinformation der DaimlerChrysler AG. Aachen: Shaker, 2002

**HAAPALEINEN, M.; MAJORIN, A.**: GERTWOL und Morphologische Disambiguierung für das Deutsche. In: Proc. of the 10th Nordic Conference on Computational Linguistics; May 30-31 1995, Helsinki (NODALIDA-95) (http://www.lingsogt.fi/doc/gercg/NODALIDA-poster.html)

**HAHN, U.**: Computerlinguistik. In: ZILAHI-SZABO, M.G. (Hrsg.): Kleines Lexikon der Informatik und Wirtschaftsinformatik. München: Oldenbourg, 1995. S. 110-114

**HAHN, U.; MANI, I.**: The challenges of automatic summarization. In: Computer 33 (2000) 11, S. 29-36

**HALLER, J.; RIPPLINGER, B.; MAAS, D.; GASTMEYER, M.**: Automatische Indexierung von wirtschaftswissenschaftlichen Texten – ein Experiment. Hamburgisches Welt-Wirtschaftschafts-Archiv, 2001

**HALLER, J.; WIELAND, U.**: Die Erschließung natürlichsprachiger Information im Informationssystem CONDOR. In: Nachrichten für Dokumentation 29 (1978) 4/5, S. 177-183

**HARMAN, D.**: The Text Retrieval Conferences (TRECs): Providing a Test-Bed for Information Retrieval Systems. In: Bulletin of the American Society for Information Science, April/May 1998, S. 11-13

**HAUER, M.**: Automatische Indexierung. In: SCHMIDT, R. (Hrsg.): Wissen in Aktion: Wege des Knowledge Managements; 22. Online-Tagung der DGI, Frankfurt, 2. bis 4. Mai 2000. Frankfurt a.M.: DGD. S. 203-212

**HENKEL, N.**: Workflow nach Posteingang. In: Computerwoche Focus Nr. 3/1999, S. 18-20

**HENTSCHEL, U.; KÖRBER, R.S.**: Vom Menschen lernen: Wissensmanagement mit neuronalen Netzen. In: IT Management 10/2000, S. 32-34

177

**HENZLER, R.G.:** Free or Controlled Vocabularies. In: International Classification 5 (1978), S. 21-26

**HERGET, J.; HENSLER, S.:** Online-Datenbanken in Wirtschaft und Wissenschaft: Aktuelle Nachfragestrukturen und Nutzungstendenzen. In: Wirtschaftsinformatik 37 (1995) 2, S. 129-138

**HIPPNER, H.; RENTZMANN, R.; WILDE, K.D.:** Aufbau und Funktionalitäten von CRM-Systemen. In: HIPPNER, H.; WILDE, K.D. (Hrsg.): IT-Systeme im CRM: Aufbau bund Potenziale. Wiesbaden: Gabler, 2004. S. 13-42

**HOVY, E.; LIN, C.-Y.:** Automated Text Summarization in SUMMARIST. In: MANI, I.; MAYBURY, M.T. (Ed.): Advances in Automatic Text Summarization. Cambridge, MA: MIT Press, 1999. S. 81-94

**IBM:** Intelligent Miner for Text: Erste Schritte. IBM Deutschland Informationssysteme GmbH 1998

**IBM:** Intelligent Miner for Text: Text Analysis Tools. 2 Ed. International Business Machines Corporation 2000

**Indexing and Morphology:** Why You Need Morphology. Lingsoft, o.J. (http://www.lingsoft.fi/doc/indexing/morph.html)

**JACOBS, P.:** Text Interpretation: Extracting Information. In: COLE, R.A. et al. (Ed.): Survey of the State of the Art in Human Language Technology. Cambridge: Cambridge University Press, 1997. S. 215-217

**JACOBSEN, J.:** Auf den Punkt gebracht: Können Computer Texte verstehen und zusammenfassen. In: Die Zeit Nr. 49/1998

**JÜTTNER, G.; GÜNTZER, U.:** Methoden der Künstlichen Intelligenz für Information Retrieval. München: Saur, 1988

**KAISER, A.:** Computer-unterstütztes Indexieren in Intelligenten Information Retrieval Systemen: Ein Relevanz-Feedback orientierter Ansatz zur Informationserschließung in unformatierten Datenbanken. Wien: Universität Wien, 1993

**KAMPFFMEYER, U.:** Der Markt für elektronisches Dokumenten-Management in Europa: Technologien und Lösungen. In: PROJECT CONSULT Newsletter v. 26.11.1999. S. 9-18

**KAMPFFMEYER, U.; BREDOW, F. VON:** Automatische Klassifikation: Grundvoraussetzungen für das Knowledge Management. Hamburg: Project Consult, 2000

**KAMPFFMEYER, U.; MERKEL, B.:** Dokumenten-Management: Grundlagen und Zukunft. 2. Aufl. Hamburg: PROJECT CONSULT GmbH, 1999

**KEITZ, W. VON:** Automatic Indexing and the Dissemination of Information. In: INSPEL 20 (1986), S. 47-67

**KLOSTERBERG, M.**: Das computergestützte Gruppengedächtnis: Wissensmanagement in Sitzungen. Wiesbaden: Deutscher Universitätsverlag, 1999

**KNORZ, G.**: Automatisches Indexieren als Erkennen abstrakter Objekte. Tübingen: Niemeyer, 1983

**KNORZ, G.**: Automatische Indexierung. In: HENNINGS, R.-D. et al. (Hrsg.): Wissensrepräsentation und Information Retrieval. Potsdam, 1994. S. 138-196

**KNORZ, G.**: Information Retrieval-Anwendungen. In: ZILAHI-SZABO, M.G. (Hrsg.): Kleines Lexikon der Informatik und Wirtschaftsinformatik. München: Oldenbourg, 1995. S. 244-248

**KNORZ, G.**: Testverfahren für intelligente Indexierungs- und Retrievalsysteme anhand deutsch-sprachiger sozialwissenschaftlicher Fachinformation (GIRT): Bericht über einen Workshop am 12. September 1997 im IZ Sozialwissenschaften, Bonn. In: nfd Information – Wissenschaft und Praxis 49 (1998) 2, S. 111-116 [1997a]

**KNORZ, G.**: Indexieren, Klassieren, Extrahieren. In: BUDER, M. et al. (Hrsg.): Grundlagen der praktischen Information und Dokumentation. 4. Auflage. München: Saur, 1997. S. 120-140 [1997b]

**KNORZ, G.**: Informationsaufbereitung II: Indexieren. In: KUHLEN, R.; SEEGER, TH; STRAUCH, D. (Hrsg.): Grundlagen der praktischen Information und Dokumentation. Band 1: Handbuch zur Einführung in die Informationswissenschaft und –praxis. 5. Aufl. München: Saur, 2004. S. 179-188

**KNORZ, G.; ARZ, J.; ROSTEK, L.; STEFFEN, J.**: Adaptive automatische Indexierung für komplexe Dokumente. In: LDV-Forum (1997) 1, S. 98-102

**KÖNIGER, P.; REITHMAYER, W.**: Management unstrukturierter Informationen: Wie Unternehmen die Informationsflut beherrschen können. Frankfurt/Main: Campus, 1998

**KRAUSE, J.**: Principles of Content Analysis for Information Retrieval Systems: An Overview. In: ZUELL, C.; HARKNESS, J.; HOFFMEYER-ZLOTNIK, J.H.P. (Hrsg.): ZUMA-Nachrichten Spezial: Text Analysis and Computers. Mannheim: ZUMA, 1996. S. 76-100

**KRAUSE, J.; SCHNEIDER, C.; SPETTEL, G.; WOMSER-HACKER, C.**: Was leisten informationslinguistische Komponenten bei der Inhaltserschließung für ein Deutsches Patentinformationssystem? In: SCHWARZ, C.; THURMAIR, G. (Hrsg.): Informationslinguistische Textanalyse. Hildesheim: Olms, 1986. S. 71-85

**KRAUSE, J.; MUTSCHKE, P.**: Indexierung und Fulcrum-Evaluierung. Bonn: InformationsZentrum Sozialwissenschaften, 1999

**KRAUSE, J.; WOMSER-HACKER, Ch.**: PADOK-II: Retrievaltests zur Bewertung von Volltextindexierungsvarianten für das Deutsche Patentinformationssystem. In: Nachrichten für Dokumentation 41 (1990) 1, S. 13-19

KRÜGER, C.: Evaluation des WWW-Suchdienstes GERHARD unter besonderer Beachtung der automatischen Indexierung. Fachhochschule Stuttgart – HBI 1999 (Diplomarbeit)

KUHLEN, R.: Morphologische Relationen durch Reduktionsalgorithmen. In: Nachrichten für Dokumentation 25 (1974) 4, S. 168-172

KUHLEN, R.: Verarbeitung von Daten, Repräsentation von Wissen, Erarbeitung von Information. Primat der Pragmatik bei informationeller Sprachverarbeitung. In: ENDRES-NIGGEMEYER, B.; KRAUSE, J. (Hrsg.): Sprachverarbeitung in Information und Dokumentation. Berlin 1985. S. 1-22

KUHLEN, R.: Information Retrieval: Verfahren des Abstracting. In: BATORI, S.; LENDERS, W.; PUTSCHKE, W. (Hrsg.): Computational Linguistics – Computerlinguistik: An International Handbook of Computer Oriented Language Research and Applications. Berlin: de Gruyter, 1989. S. 688-696

KUHLEN, R.: Abstracts – Abstracting – Intellektuelle und maschinelle Verfahren. In: BUDER, M. et al. (Hrsg.): Grundlagen der praktischen Information und Dokumentation . 4. Auflage. München: Saur, 1997. S. 88-119

KUHLEN, R.: Die Konsequenzen von Informationsassistenten: Was bedeutet informationelle Autonomie oder wie kann Vertrauen in elektronische Dienste in offenen Informationsmärkten gesichert werden? Frankfurt/Main: Suhrkamp, 1999

KUROPKA, D.: Modelle zur Repräsentation natürlichsprachlicher Dokumente: Ontologie-basiertes Information-Filtering und -Retrieval mit relationalen Datenbanken. Berlin: Logos, 2004

LADEWIG, CH.; HENKES, M.: Verfahren zur automatischen inhaltlichen Erschließung von elektronischen Texten – ASPECTIX. In: nfd Information – Wissenschaft und Praxis 52 (2001) 5, S. 159-164

LEHMANN, E.: Problemaspekte der Wissensrepräsentation. In: Siemens Forschungs- und Entwicklungsberichte 17 (1988) 2, S. 45-51

LEHNER, F.: Organisational Memory: Konzepte und Systeme für das organisationale Lernen und das Wissensmanagement. München: Hanser, 2000

LEPSKY, K.: Automatisierung in der Sacherschließung: Maschinelles Indexieren von Titeldaten. In: 85. Deutscher Bibliothekartag in Göttingen 1995: Die Herausforderung der Bibliotheken durch elektronische Medien und neue Organisationsformen. Frankfurt a.M.: Klostermann, 1996. S. 223-233 [1996a]

LEPSKY, K.: Im Heuhaufen suchen – und finden: Automatische Erschließung von Internetquellen: Möglichkeiten und Grenzen. In: Buch und Bibliothek 50 (1998) 5, S. 336-340

LEPSKY, K.; SIEPMANN, J.; ZIMMERMANN, A.: Automatische Indexierung für Online-Kataloge: Ergebnisse eines Retrievaltests. In: Zeitschrift für Bibliothekswesen und Bibliographie 43 (1996) 1, S. 47-56

LEPSKY, K.; ZIMMERMANN, H.H.: Katalogerweiterung durch Scanning und Automatische Dokumenterschließung: Das DFG-Projekt KASCADE. In: ABI-Technik 18 (1998) 1, S. 56-60

LORENZ, O.: Automatische Wortformerkennung für das Deutsche im Rahmen von MALAGA. Universität Erlangen-Nürnberg, Abteilung für Computerlinguistik 1996 (Magisterarbeit)

LUCKHARDT, H.-D.: Automatische und intellektuelle Indexierung. In: Einführung in die Informationswissenschaft / I. HARMS u. H.-D. LUCKHARDT. Universität des Saarlandes, Fachrichtung Informationswissenschaft, 1996 http://is.uni-sb.de/papers/iwscript/exkurs.ind.html

LUCKHARDT, H.-D.: Informationslinguistik. In: Einführung in die Informationswissenschaft / I. HARMS u. H.-D. LUCKHARDT. Universität des Saarlandes, Fachrichtung Informationswissenschaft, 1998 (http://www.phil.uni-sb.de/FR/Infowiss/papers/iwscript/infoling/index.html)

LUHN, H.P.: A Statstical Approach to Mechanized Encoding and Searching of Literary Information. In: IBM Journal of Research and Development, October 1957, S. 309-317

LUHN, H.P.: The Automatic Creation of Literature Abstracts. In: IBM Journal of Research and Development 2 (1958) 2, S. 159-165 (Wiederabdruck in: MANI, I.; MAYBURY, M.T. (Ed.): Advances in Automatic Text Summarization. Cambridge, MA: MIT Press, 1999. S. 15-21)

LUSTIG, G.: Die automatische Zuteilung von Schlagwörtern des EURATOM-Thesaurus. In: Neue Technik 14 (1969) A4, S. 247-256

LUSTIG, G.: Automatische Indexierung zwischen Forschung und Anwendung. Hildesheim: Olms, 1986

LUSTIG, G.: Automatische Indexierung und Information Retrieval – Erfahrungen und Perspektiven. In: Klassifikation und Ordnung / Hrsg.: R. WILLE. Frankfurt a.M.: Indeks Verlag, 1989. S. 137-148

MAEDCHE, A.: Semantikbasiertes Wissensmanagement: Neue Wege für das Management von Wissenssammlungen. In: BELLMANN, M.; KRCMAR, H.; SOMMERLATTE, T. (Hrsg.): Praxishandbuch Wissensmanagement: Strategien, Methoden, Fallbeispiele. Düsseldorf: Symposion, 2002. S. 427-437

MAEDCHE, A.: Semantikbasiertes Wissensmanagement. In: Karlsruher Transfer 27, 2002, S. 26-29

MALLER, S.: What is InfoSort? In: Dialect 3/1998 http://library.dialog.com/newsltrs/dialect/issue3/infosort.html

MANDL, T.: Tolerantes Information Retrieval: Neuronale Netze zur Erhöhung der Adaptivität und Flexibilität bei der Informationssuche. Konstanz: UVK, 2001

**MANI, I.; MAYBURY, M.T. (Ed.):** Advances in Automatic Text Summarization. Cambridge, MA: MIT Press, 1999

**MARTIN, G.:** Dokumenten-Management: Wissensbasierte Analyse und Recherche. Mit KI-Systemen sollen Anwender Papierflut eindämmen. In: Computerwoche 17/1998, S. 24

**MARWICK, A.D.:** Knowledge Management Technology. In: IBM Systems Journal 40 (2001) 4, S. 814-830

**MATER, E.:** Ziele und Methoden automatischer Inhaltserschließung. In: Dokumentation/Information (1990), Heft 77, S. 36-50

**MEIER, M.:** Text Mining. In: MERTENS, P. (Hrsg.): Lexikon der Wirtschaftsinformatik. 4. Aufl. Berlin: Springer, 2001, S. 473-474

**MEIER, M.; BECKH, M.:** Text Mining. In: Wirtschaftsinformatik 42 (2000) 2, S. 165-167

**MEIER, M.; FÜLLEBORN, A.:** Integration externer Führungsinformationen aus dem Internet in SAP Strategic Enterprise Management (SEM). In: Wirtschaftsinformatik 41 (1999) 4, S. 449-457

**MERGENTHALER, E.:** Computer-Assisted Content Analysis. In: ZUELL, C.; HARKNESS, J.; HOFFMEYER-ZLOTNIK, J.H.P. (Hrsg.): ZUMA-Nachrichten Spezial: Text Analysis and Computers. Mannheim: ZUMA, 1996. S. 3-32

**MERTENS, P.:** Business Intelligence – Ein Überblick. In: Information Management & Consulting 17 (2002), Sonderausgabe, S. 65-73

**MERTENS, P.; GRIESE, J.:** Integrierte Informationsverarbeitung 2: Planungs- und Kontrollsysteme in der Industrie. 9. Aufl. Wiesbaden: Gabler, 2002

**MICHELSON, M.:** Betriebliche Informationswirtschaft. In: RIEKERT, W.F.; MICHELSON, M. (Hrsg.): Informationswirtschaft: Innovation für die Neue Ökonomie. Wiesbaden: Gabler, 2001. S. 19-38

**MILLER, G.A.:** Wörter: Streifzüge durch die Psycholinguistik. 2. Aufl. Frankfurt: Zweitausendeins

**Mittel gegen die Informationsflut.** In: InformationWeek 5 (2000) vom 10. Februar 2000

**MÖLLER, G.; CARSTENSEN, K.-U.; DIEKMANN, B.; WÄTJEN H.-J.:** Automatic Classification of the World-Wide Web Using the Universal Decimal Classification. In: Proceedings of the Gesellschaft für Klassifikation, Bielefeld 1999. Heidelberg: Springer

**NASUKAWA, T.; NAGANO, T.:** Text Analysis and Text Mining System. In: IBM Systems Journal 40 (2001) 4, S. 967-984

**NEDEß, CHR.; JACOB, U.:** Das Knowledge Warehouse vor der Gefahr der Komplexitätsfalle. In: KRALLMANN, H. (Hrsg.): Wettbewerbsvorteile durch Wissensmanagement. Stuttgart: Schäffer-Poeschel, 2000. S. 91-116

NEUMANN, G.: Informationsextraktion. In: CARSTENSEN, K.-U. et al. (Hrsg.): Computerlinguistik und Sprachtechnologie – Eine Einführung. Heidelberg: Spektrum Akademischer Verlag, 2001. S. 448-455

NIEDERMAIER, G.T.: Englische Morphologie in einer computergesteuerten Analyse. In: KLENK, U.; SCHERBER, P.; THALLER, M. (Hrsg.): Computerlinguistik und philologische Datenverarbeitung. Hildesheim: Olms, 1987. S. 108-133

NOHR, H.: Maschinelle Experten für Information Retrieval. In: Informatik 38 (1991) 6, S. 234-236

NOHR, H.: Inhaltsanalyse. In: nfd Information – Wissenschaft und Praxis 50 (1999) 2, S. 69-78 [1999a]

NOHR, H.: Das Projekt OurKnowledge: Wissensmanagement in einem kleinen Beratungsunternehmen. In: HBI aktuell 2/1999, S. 16-19 [1999b]

NOHR, H.: Automatische Verfahren der Dokumentanalyse. In: Ders.: Wissensmanagement: Wie Unternehmen ihre wichtigste Ressource erschließen und teilen. Göttingen: BusinessVillage, 2000 (eBook). S. 61-87

NOHR, H.: Management der Informationsqualität. In: RIEKERT, W.-F.; MICHELSON, M. (Hrsg.): Informationswirtschaft: Innovation für die Neue Ökonomie. Wiesbaden: Gabler, 2001. S. 57-77 [2001a]

NOHR, H.: Wissensmanagement mit Knowledge Communities. In: NOHR, H. (Hrsg.): Virtuelle Knowledge Communities im Wissensmanagement: Konzeption – Einführung – Betrieb. Aachen: Shaker, 2001. S. 9-26 [2001b]

NOHR, H.: Automatische Indexierung: Einführung in betriebliche Verfahren, Systeme und Anwendungen. Potsdam: Verlag für Berlin-Brandenburg, 2001 [2001c]

NOHR, H.: Theorie des Information Retrieval II: Automatische Indexierung. In: KUHLEN, R.; SEEGER, TH; STRAUCH, D. (Hrsg.): Grundlagen der praktischen Information und Dokumentation. Band 1: Handbuch zur Einführung in die Informationswissenschaft und –praxis. 5. Aufl. München: Saur, 2004. S. 215-225

PAICE, C.D.: Constructing Literature Abstracts by Computer: Techniques and Prospects. In: Information Processing and Management 26 (1990) 1, S. 171-186

PALOS, S.: Digitale Text-Dossiers – Versuch einer nachfrageorientierten Indexierung. In: Info 7, Jg. 13 (1998) 2, S. 83-86

PALOS, S.: Indexierung, Volltextrecherche und digitale Text-Dossiers: Erschließungsmethoden der Pressedokumentation im Test. In: nfd Information – Wissenschaft und Praxis 50 (1999) 7, S. 413-419

PANYR, J.: Automatische Indexierung und Klassifikation. In: DAHLBERG, I.; SCHADER, M. (Hrsg.): Automatisierung in der Klassifikation. Frankfurt a.M.: Indeks Verlag, 1983. S. 90-111

**PANYR, J.**: Automatische Klassifikation und Information Retrieval – Anwendung und Entwicklung komplexer Verfahren in Information-Retrieval-Systemen und ihre Evaluierung. Tübingen: Niemeyer, 1986 [1986a]

**PANYR, J.**: Relevanzproblematik in Information-Retrieval-Systemen. In: Nachrichten für Dokumentation 37 (1986) 1, S. 2-4 [1986b]

**PORTER, M.F.**: An Algorithm for Suffix Stripping. In: Program 14 (1980) 3, S. 130-137

**PREUSCHOFF, S.**: Business Intelligence – Gegenstand, Ansätze, Technologien. In: NOHR, H.; ROOS, A.W. (Hrsg.): Customer Knowledge Management: Aspekte des Managements von Kundenwissen. Berlin: Logos, 2003. S. 101-126

**RADEV, D.R.; MCKEOWN, K.R.**: Generating Natural Language Summaries from Multiple On-Line Sources. In: Computational Linguistics 24 (1998), S. 469-500

**RAPKE, K.**: Automatische Indexierung von Volltexten für die Gruner+Jahr Pressedatenbank. In: nfd Information – Wissenschaft und Praxis 52 (2001) 5, S. 251-262

**RAU, L.F.; JACOBS, P.S.; ZERNIK, U.**: Information Extraction and Text Summarization Using Linguistic Knowledge Acquisition. In: Information Processing & Management 25 (1989) 4, S. 419-428

**RECKER, I.; RONTHALER, M.; ZILLMANN, H.**: OSIRIS: Osnabrück Intelligent Research Information System – ein Hyperbase Front End System für OPACs. In: Bibliotheksdienst 30 (1996) 5, S. 833-848

**REIMER, U.**: Verfahren der automatischen Indexierung. Benötigtes Vorwissen und Ansätze zu seiner automatischen Akquisition: Ein Überblick. In: KUHLEN R. (Hrsg.): Experimentelles und praktisches Information Retrieval: Festschrift für Gerhard LUSTIG. Konstanz: Universitätsverlag, 1992. S. 171-194

**RENZ, M.**: Automatische Inhaltserschließung im Zeichen von Wissensmanagement. In: nfd Information – Wissenschaft und Praxis 52 (2001) 2, S. 69-78

**RIJSBERGEN, C.J. VAN**: Information Retrieval. 2. Auflage – London: Butterworths, 1979

**RIGGERT, W.**: Betriebliche Informationskonzepte. Braunschweig: Vieweg, 1998

**RIGGERT, W.**: Betriebliche Informationskonzepte. 2. Aufl. Braunschweig: Vieweg, 2000

**RIPPLINGER, B.; SCHMIDT, P.**: Automatic Multilingual Indexing and Natural Language Processing. In: SIGIR 2001

**RONTHALER, M.; SAUER, U.**: OSIRIS – Computerlinguistik in der wissenschaftlichen Bibliothek. Osnabrück, 1997

**RUGE, G.; GOESER, S.**: Information Retrieval ohne Linguistik?. In: nfd Information – Wissenschaft und Praxis 49 (1998) 6, S. 361-369

184

SACHSE, E.; LIEBIG, M.; GÖDERT, W.: Automatische Indexierung unter Einbeziehung semantischer Relationen: Ergebnisse des Retrievaltests zum MILOS-II-Projekt. Fachhochschule Köln, Fachbereich Bibliotheks- und Informationswesen 1998

SALTON, G.: Automatic Text Analysis. In: Science, Vol. 168 (1970) S. 335-343

SALTON, G.: Fast Document Classification in Automatic Information Retrieval. In: Kooperation in der Klassifikation I. Frankfurt a.M.: Indeks Verlag, 1978. S. 129-146

SALTON, G.: The SMART System 1961-1976: Experiments in Dynamic Document Processing. In: Encyclopedia of Library and Information Science. New York: Dekker. Vol. 28 (1980), S. 1-36

SALTON, G.: Another Look at Automatic Text Retrieval Systems. Ithaca: Department of Computer Science, Cornell University, 1985

SALTON, G.: Automatic Text Processing: The Transformation, Analysis, and Retrieval of Information by Computer. Reading: Addison-Wesley, 1989

SALTON, G.; MCGILL, M.J.: Information Retrieval – Grundlegendes für Informationswissenschaftler. Hamburg: McGraw-Hill, 1987

SCHERER, B.: Automatische Indexierung und ihre Anwendung im DFG-Projekt „Gemeinsames Portal für Bibliotheken, Archive und Museen (BAM)". Universität Konstanz, Fachbereich Informatik und Informationswissenschaft, 2003 (Masterarbeit)

SCHMITZ, U.: Computerlinguistik: Eine Einführung. Opladen: Westdeutscher Verlag, 1992

SCHNEIDER, Ch.: Automatische Indexierung und Syntaxanalyse: Zur Entwicklung sprachanalytischer Komponenten von Informationssystemen auf empirischer Grundlage. Hamburg: Buske, 1985

SCHRÖDER, K.: Zur OPAC-Diskussion, ein britisches Projekt: OKAPI. In: Bibliotheksdienst 24 (1990) 11, S. 1504-1512

SCHWANTNER, M.: Entwicklung und Pflege des Indexierungswörterbuches PHYS/PILOT. In: Deutscher Dokumentartag 1987: Von der Information zum Wissen – vom Wissen zur Information: Traditionelle und moderne Informationssysteme für Wissenschaft und Praxis. Weinheim: VCH, 1988. S. 329-339

SCHWARZ, CH.: Linguistische Hilfsmittel beim Information Retrieval. In: Nachrichten für Dokumentation 35 (1984) 4/5, S. 179-182

SCHWARZ, CH.: Probleme der syntaktischen Indexierung. In: Computerlinguistik und philologische Datenverarbeitung / U. KLENK, P. SCHERBER u. M. THALLER. Hildesheim: Olms, 1987. S. 227-235

SPARCK JONES, K.: A Statistical Interpretation of Term Specifity and its Application in Retrieval. In: Journal of Documentation 28 (1972), S. 11-21

SPARCK JONES, K.: Summarization. In: COLE, R.A. et al. (Ed.): Survey of the State of the Art in Human Language Technology. Cambridge: Cambridge University Press, 1997. S. 217-220

SPARCK JONES, K.: Automatic Summarizing: Factors and Directions. In: MANI, I.; MAYBURY, M.T. (Ed.): Advances in Automatic Text Summarization. Cambridge, MA: MIT Press, 1999. S. 1-12

SPSS (Hrsg.): Meeting the Challenge of Text. Making text ready for predictive analysis. Chicago: SPSS Inc., 2003 (White Paper)

STEFFENS, U.: Information Retrieval: Grundlagen, Systeme und Integration. In: Bibliothek 21 (1997) 1, S. 54-58

STOCK, W.G.: Natürlichsprachige Suche – More like this! Lexis-Nexis' Freestyle. In: Password (1998) 11, S. 21-28

STOCK, W.G.: Qualitätskriterien von Suchmaschinen. In: Password (1999) 5, S. 22-31

STOCK, W.G.: Informationswirtschaft: Management externen Wissens. München: Oldenbourg, 2000

STROHNER, H.: Information, Wissen und Bedeutung: Eine Analyse systemischer Strukturen sprachlicher Kommunikation. In: WEINGARTEN, R. (Hrsg.): Information ohne Kommunikation? Die Loslösung der Sprache vom Sprecher. Frankfurt: Fischer, 1990. S. 209-226

SWANSON, D.R.: Information Retrieval als Versuch-Irrtum-Prozess. Fachrichtung Informationswissenschaft, Universität des Saarlandes. Saarbrücken 1987 (Org.: Information Retrieval as a Trial-and-Error Process. In: Library Quaterly, Vol. 47, 1977, 2)

TAGUE-SUTCLIFFE, J.: Information Retrieval Experimentation. In: Encyclopedia of Library and Information Science. New York: Dekker. 57, Suppl. 20 (1996), S. 195-209

TAN, A.-H.: Text mining: The state of the art and the challenges. In: Proc. of the Pacic Asia Conference on Knowledge Discovery and Data Mining (PAKDD 99); Workshop on Knowledge Discovery from Advanced Databases. Beijing 1999. S. 65-70

TEUBER, T.: Information Retrieval und Dokumentenmanagement in Büroinformationssystemen. Göttingen: Unitext Verlag, 1996

THIEL, Th.J.: Automated Indexing of Information Stored on Optical Disk Electronic Document Image Management Systems. In: Encyclopedia of Library and Information Science. New York: Dekker. 54, Suppl. 17 (1994), S. 98-121

TKACH, D.: Text Mining Technology: Turning Information Into Knowledge; A White Paper from IBM. IBM Software Solutions, 1997

TONTA, Y.: Analysis of Search Failures in Document Retrieval Systems: A Review. In: The Public-Access Computer Systems Review 3 (1992) 1, S. 4-53

TURNEY, P.: Extraction of Keyphrases from Text: Evaluation of Four Algorithms. National Research Council of Canada, 1997 (ERB-1051)

TURNEY, P.: Learning to Extract Keyphrases from Text. National Research Council of Canada, 1999 (ERB-1057)

TURNEY, P.: Learning Algorithms for Keyphrase Extraction. In: Information Retrieval 2 (2000) 4, S. 303-336

USZKOREIT. H.: Die Email-Flut bannen – Kostensenkung im Call Center. In: Jahrbuch TeleMedienServices. Würzburg: Schimmel, 2001

VERSTEEGEN, G. (Hrsg.): Management-Technologien: Konvergenz von Knowledge-, Dokumenten-, Workflow- und Contentmanagement. Berlin: Springer, 2002

VOLK, M.; MITTERMAIER, H.; SCHURIG, A.; BIEDASSEK, T.: Halbautomatische Volltextanalyse, Datenbankaufbau und Document Retrieval. In: GOEBEL, H.; SCHADER, M. (Hrsg.): Datenanalyse, Klassifikation und Informationsverarbeitung: Methoden und Anwendungen in verschiedenen Fachgebieten. Heidelberg: Physica, 1992. S. 205-214

VOß, S.; GUTENSCHWAGER, K.: Informationsmanagement. Berlin: Springer, 2001

WÄTJEN, H.-J.; DIEKMANN, B.; MÖLLER, G.; CARSTENSEN, K.-U.: GERHARD – German Harvest Automated Retrieval and Directory: Bericht zum DFG-Projekt. Oldenburg: Bibliotheks- und Informationssystem der Universität, 1998

WALKER, S.; ROBERTSON, S.E.; BOUGHANEM, M.; JONES, G.J.F.; SPARK JONES, K.: Okapi at Trec-6: Automatic ad hoc, VLC, routing, filtering and QSDR. In: VOORHEES, E.M.; HARMAN, D.K. (Hrsg.): The Sixth Text Retrieval Conference (Trec-6). NIST Special Publication 500-240, 1998. S. 125-136

WEDEKIND, H.: Information Retrieval. In: MERTENS, P. (Hrsg.): Lexikon der Wirtschaftsinformatik. Berlin: Springer, 2001. S. 235-237

WERNER, H.: Indexierung auf linguistischer Grundlage am Beispiel von JUDO-DS(1). In: Deutscher Dokumentartag 1981: Kleincomputer in Information und Dokumentation. München: Saur, 1982. S. 599-609

WINIWARTER, W.: Bewältigung der Informationsflut: Stand der Computerlinguistik. In: Nachrichten für Dokumentation 47 (1996) 3, S. 131-150

WOLTERING, H.: Maschinelle Indexierung in der Bibliothek der Friedrich-Ebert-Stiftung. In: ProLibris 3/2002, S. 160-161

WOMSER-HACKER, CH.: Der PADOK-Retrievaltest: Zur Methode und Verwendung statistischer Verfahren bei der Bewertung von Information-Retrieval-Systemen. Hildesheim: Olms, 1989

WOMSER-HACKER, CH.: Theorie des Information Retrieval III: Evaluierung. In: KUHLEN, R.; SEEGER, TH; STRAUCH, D. (Hrsg.): Grundlagen der praktischen Information und Dokumentation. Band 1: Handbuch zur Einführung in die Informationswissenschaft und –praxis. 5. Aufl. München: Saur, 2004. S. 227-235

ZIMMERMANN, H.H.: Automatische Indexierung – Entwicklung und Perspektiven. In: DAHLBERG, I.; SCHADER, M. (Hrsg.): Automatisierung in der Klassifikation. Frankfurt a.M.: Indeks Verlag, 1983. S. 14-32

ZIMMERMANN, H.H.: Maschinelle Übersetzung in der Wissensvermittlung. In: etz. Elektrotechnische Zeitschrift 110 (1989) 23/24, S. 1252-1256

ZIMMERMANN, H.H.: Computer und Sprache im Zeitalter der Fachinformation. In: Lebende Sprachen 35 (1990) 1, S. 1-5

ZIMMERMANN, H.H.: Language and Language Technologie. In: International Classification 18 (1991) 4, S. 196-199

ZIMMERMANN, H.H.; KROUPA, E.; KEIL, G.: CTX – Ein Verfahren zur Computergestützten Textanalyse. Saarbrücken 1983 (BMFT Forschungsbericht ID 83-006)

# Sachregister

Im Sachregister weist ein **(D)** im Anschluss an eine Seitenzahl auf eine Definition zum angegebenen Begriff hin.

# Autorenangaben

**Prof. Holger Nohr**

Hochschule der Medien (Stuttgart)
Studiengang Information Systems / Wirtschaftsinformatik
Wolframstrasse 32
70191 Stuttgart
Nohr@hdm-stuttgart.de

Prof. Holger Nohr wurde 1998 an den Studiengang Information Systems (früher Informationswirtschaft) der Hochschule der Medien in Stuttgart berufen. Seine Forschungs- und Tätigkeitsschwerpunkte liegen hauptsächlich in den Bereichen des Wissensmanagements, der betriebliche Informationswirtschaft und der Computer-Supported Cooperative Work (CSCW). Seit 2004 ist er Leiter des Studienganges Information Systems / Wirtschaftsinformatik.

Vor seiner Tätigkeit an der Hochschule war er u.a. bei der MasterMedia Beratungsgesellschaft für Kommunikation mbh in Hamburg sowie beim Technischen Überwachungs-Verein Nord e.V. tätig. Zudem war er Lehrbeauftragter an der Fachhochschule Hamburg.